Petra Claßen-Kövel/Thomas Keilhäuber: Alles zur Zwangsversteigerung

Petra Claßen-Kövel
Thomas Keilhäuber

Alles zur Zwangsversteigerung

Schnäppchenjagd im Amtsgericht

interna
Ihr persönlicher Experte

interna

Dieses Buch wird digital produziert. Die laufende Einarbeitung von Änderungen und Ergänzungen garantiert stets optimale Aktualität. Zusatzservice für alle Leser: kostenloser Newsletter zum Buchthema plus regelmäßige Redaktionssprechstunde.

VLB – Titelmeldung
Claßen-Kövel, Petra, Keilhäuber, Thomas:
Alles zur Zwangsversteigerung
ISBN 3-934662-10-2
978-3-934662-10-0

Umschlaggestaltung: workstation GmbH, Bonn
Zeichnung: Amélia Petitbout, Metz
Satz: workstation GmbH, Bonn
Druck: PriMa.id, Frechen

Verlag interna
Auguststr. 1, 53229 Bonn
Tel.: 0228/85 44 98-0, Fax: 0228/85 44 98-20
www.interna-aktuell.de
mail@interna-aktuell.de

Printed in Germany

Inhaltsverzeichnis

Kapitel 1

Schnäppchenjagd im Amtsgericht

„Bietet jemand mehr als 145.000 EUR? Zum Ersten, zum Zweiten und zum... Dritten!" Das war der dreimalige Aufruf der zuständigen Rechtspflegerin im Saal A 101 des Düsseldorfer Amtsgerichts. Eine leer stehende 3-Zimmerwohnung nebst Kfz-Stellplatz fand einen neuen Eigentümer. Der Verkehrswert betrug 200.000 EUR; das Meistgebot machte daher nur etwas mehr als 70 % dieses Wertes aus.

Wer träumt nicht davon, als Eigennutzer oder Kapitalanleger eine Immobilie deutlich unter ihrem tatsächlichen Wert zu erwerben? In gerichtlichen Zwangsversteigerungen bei den Amtsgerichten kann dieser Traum schnell in Erfüllung gehen. Denn die Ersteigerungspreise, kurz Steigpreise genannt, liegen regelmäßig unter dem Verkehrswert. Gleichwohl bilden die oft zitierten Schnäppchen, bei denen der Rechtspfleger den Zuschlag zu 50 % des Verkehrswertes erteilt, heutzutage die absolute Ausnahme. Zu einem Zuschlag unter 50 % des Verkehrswertes, der in so genannten Zweitterminen grundsätzlich möglich ist, kommt es so gut wie nie. Wer jedoch mit realistischen Preisvorstellungen in einen Versteigerungstermin geht, wird, wie in unserem Fall, häufig mit einem Preisnachlass von 20 bis 30 % des Verkehrswertes belohnt.

Die Versteigerungswelle rollt weiter

Chancen bieten sich mehr als genug. Im Jahr 2006 haben die Amtsgerichte wieder über 90.000 Versteigerungstermine angesetzt, eine Stagnation auf höchstem Niveau. Damit kommen zur Zeit so viele Immobilien unter den Hammer wie selten zuvor!

Hauptursache für den anhaltenden Versteigerungsboom ist sicherlich die beständig hohe Arbeitslosenzahl. Aber auch Ehescheidungen lassen die Eigentümer in finanzielle Not geraten, so dass sie ihren Zins- und Tilgungsverpflichtungen gegenüber den Gläubigern nicht mehr nachkommen können.

Scheitert eine Umfinanzierung, bleibt den Gläubigerbanken nur der Weg zum Amtsgericht. Der dort zuständige Rechtspfleger ordnet auf Antrag der Bank die Zwangsversteigerung der Immobilie an.

Neben den Zwangsversteigerungen auf Antrag der Gläubigerbanken hat auch die Anzahl der so genannten Teilungsversteigerungen deutlich zugenommen. In diesen Fällen kann sich eine zerstrittene Eigentümergemeinschaft nicht über einen freihändigen Verkauf der Immobilie einigen. Der Gang zum Versteigerungsgericht wird nötig, um den unteilbaren Vermögenswert Immobilie in eine teilbare Vermögensmasse, nämlich Geld, zu verwandeln.

So resultieren die meisten Teilungsversteigerungen aus Ehescheidungen. Aber auch die jetzige „Generation der Erben" erheblicher Immobilienvermögen ist für den Anstieg der Teilungsversteigerungen bei den Amtsgerichten mit verantwortlich.

Wer versteigert was bei welchem Gericht?

Während der jedem bekannte Gerichtsvollzieher bewegliche Gegenstände pfändet, ist für Immobilienversteigerungen der Rechtspfleger zuständig. Das Zwangsversteigerungsgericht sitzt unabhängig vom Wert der Immobilie stets bei den Amtsgerichten. Örtlich ist das Amtsgericht zuständig, in dessen Bezirk das Grundstück liegt und im Grundbuch eingetragen ist. Sie müssen aber im Zweifelsfall bei Ihrem Amtsgericht erfragen, welches Gericht örtlich für die von Ihnen gesuchte Objektlage zuständig ist, denn in einigen Gegenden sind die Zwangsversteigerungen bei den größeren Amtsgerichten zentralisiert.

Der dort zuständige Rechtspfleger erledigt seine Aufgaben selbstständig, ist bei seinen Entscheidungen nicht weisungsgebunden und wie ein Richter nur dem Gesetz und seinem Gewissen unterworfen.

Er hat gegenüber allen Beteiligten eine umfassende Aufklärungs- und Belehrungspflicht und muss dafür sorgen, dass die am Verfahren Beteiligten alle Tatsachen vollständig vortragen, sachdienliche Anträge stellen und für die Entscheidung wesentliche Gesichtspunkte nicht übersehen. Dabei handelt er als Gerichtsorgan stets unparteiisch.

Praxis-Tipp: Nutzen Sie die Aufklärungs- und Belehrungspflicht des Rechtspflegers. Als Bietinteressent sollten Sie bei jeder Unklarheit und bei jedem Verständnisproblem den zuständigen Rechtspfleger befragen.

Bei den Amtsgerichten versteigert der Rechtspfleger

- bebaute und unbebaute Grundstücke wie zum Beispiel Ein- oder Mehrfamilienhäuser, Industriegrundstücke, Bau- oder Ackerland,

- Wohnungseigentumseinheiten, wie zum Beispiel 3-Zimmerwohnungen oder Apartments,

- Teileigentumseinheiten, wie zum Beispiel Ladenlokale, Büroeinheiten, Gaststätten oder auch Kfz-Stellplätze,

- Erbbaurechte.

Die Versteigerungsbedingungen im Überblick

Der Erwerb vollzieht sich nach den im Zwangsversteigerungsgesetz (ZVG) genau und für Sie verbindlich festgelegten Regeln, den so genannten Versteigerungsbedingungen.

Diese verkündet und erläutert der Rechtspfleger im Versteigerungstermin, bevor er zur Abgabe von Geboten aufruft. Er stellt fest, ob der Ersteigerer, in der Fachsprache Ersteher genannt, zusätzlich zu seinem Gebot Grundbuchrechte übernehmen muss, und macht das so genannte geringste Gebot bekannt. Es stellt das absolute Mindestgebot dar, zu dem der Rechtspfleger den Zuschlag erteilen kann. Darüber hinaus legt das Zwangsversteigerungsgesetz weitere Erwerbsbedingungen für den Ersteher verbindlich fest:

- Das Eigentum geht bereits mit Erteilung des Zuschlags auf Sie als Ersteher über. Sie erwerben daher Eigentum ohne bereits im Grundbuch als Eigentümer eingetragen zu sein.

- Alle im Grundbuch eingetragenen Rechte, die Sie nach den Versteigerungsbedingungen nicht übernehmen müssen, erlöschen.

- Ab dem Zuschlag stehen Ihnen als Ersteher auch die Nutzungen des Objekts zu. Sie können daher bereits ab diesem Zeitpunkt die Miete eines vermieteten Objekts beanspruchen oder in ein leer stehendes Objekt einziehen.

- Gleichzeitig übernehmen Sie aber auch die Lasten, wie Grundsteuern oder Zinsen möglicher bestehen gebliebener Rechte.

Im Gegensatz zu einem Immobilienkauf gibt es bei einer Versteigerung keine Gewährleistung bei auftretenden Mängeln. Der Rechtspfleger kann nicht bestimmte Eigenschaften des Versteigerungsobjekts zusichern und für Mängel haften. Sie erwerben daher auf eigenes Risiko, sozusagen „die Katze im Sack“, obwohl Sie häufig keine Möglichkeit hatten, sich über den tatsächlichen Zustand der Immobilie die volle Gewissheit zu verschaffen. Denn das Gericht kann weder den Schuldner noch einen Mieter zwingen, Innenbesichtigungen des Objekts für Bietinteressenten zu ermöglichen. Häufig ist daher das vom Gericht eingeholte Verkehrswertgutachten eines Immobiliensachverständigen Ihre zuverlässigste Informationsquelle.

Als Ersteher werden Sie Eigentümer und Besitzer der Immobilie, obwohl Sie den Erlös noch gar nicht bezahlt haben. Denn das Meistgebot, für das Sie den Zuschlag erhalten haben, müssen Sie erst im Verteilungstermin an das Gericht zahlen. In diesem Termin, der in aller Regel etwa 6 bis 10 Wochen nach der Versteigerung stattfindet, verteilt das Gericht den Erlös an die Gläubiger nach einer im Gesetz genau festgelegten Rangfolge.

Rangklassensystem und Grundbuchrang – Die „Hackordnung“ der Gläubiger

Diese „Hackordnung“ der Gläubiger ist auch für Sie als Bietinteressent von großer Bedeutung, damit Sie mit dem richtigen Gläubiger über seine Erlösvorstellungen in der Versteigerung verhandeln, und die jeweilige Entscheidung des Rechtspflegers über den Zuschlag nachvollziehen können.

Eine stark vereinfachte Übersicht über das Rangklassensystem des ZVG bietet Ihnen die nachfolgende Tabelle:

Dieses Rangklassensystem hält der Rechtspfleger bei der Verteilung exakt ein, weil der Versteigerungserlös in der Regel nicht ausreicht, um alle Ansprüche vollständig zu bedienen.

Rang klasse	Anspruch	Gläubiger	interner Rang
„0“	Verfahrenskosten > Gebühren und Auslagen	Gerichtskasse	
3	Öffentliche Grundstückslasten: > bis zu 2 Jahre rückständige Grundsteuern > bis zu 4 Jahre rückständige Einzelleistungen,zum Beispiel Erschliessungsbeiträge	Stadt- oder Gemeindekasse	Gleichrang
4	Ansprüche aus Grundbuchrechten: **> Abt. III:** Kapitalbeträge, laufende und bis zu 2 Jahre rückständige Zinsen, sonstige Nebenleistungen **> Abt. II:** Abfindungssumme	Gläubiger der Grundschulden und Hypotheken, Berechtigte der Abt.II	Grundbuchrang
5	Ansprüche nicht im Grundbuch eingetragener betreibender Gläubiger aus Anordnungs- und Beitrittsbeschlüssen	persönlich Gläubiger	zeitliche der Beschlüsse

Die Rangklasse 4 ist die wichtigste aller Rangklassen des ZVG, denn sie berücksichtigt und privilegiert alle im Grundbuch eingetragenen Rechte. Zu den Grundbuchrechten der Klasse 4 gehören insbesondere die mit einem Geldbetrag im Grundbuch eingetragenen Grundschulden und Hypotheken (Abteilung III des Grundbuchs), aber auch die Lasten und Beschränkungen (Abteilung II des Grundbuchs) wie Wegerechte, monatliche Geldrenten oder Wohnungsrechte. Die Rechte der Abteilung II, für die kein bestimmter Geldbetrag im Grundbuch eingetragen ist, muss der Rechtspfleger, wenn sie erlöschen, mit einem Wertersatz aus dem Erlös abfinden. Nicht im Grundbuch eingetragene Ansprüche kommen erst danach, in der Rangklasse 5, zum Zuge.

Der Erlös aus einer Zwangsversteigerung läuft in der Praxis regelmäßig bereits bei den Grundbuchrechten aus. Daher ist der Grundbuchrang als interner Rang der Klasse 4 für alle Beteiligten von besonderer Bedeutung.

Den Grundbuchrang können Sie anhand folgender Regeln ermitteln:

1. Innerhalb einer Grundbuchabteilung bestimmt sich der Rang nach der Reihenfolge der Eintragungen (Ortsprinzip).

2. Zwischen den Grundbuchabteilungen II und III wird der Rang der Rechte durch den Zeitpunkt der Eintragungen festgelegt (Zeitprinzip).

   Rechte mit gleichen Eintragungsdaten in den beiden Grundbuchabteilungen haben gleichen Rang.

3. Den so ermittelten Grundbuchrang müssen Sie nur noch auf eventuelle Rangänderungen überprüfen, die sich aus Rangvermerken im Grundbuch ergeben.

Beispiel:

Abteilung II		*Abteilung III*	
Nr. 1	*Wegerecht vom 26.8.2000*	*Nr. 1*	*Grundschuld A-Bank vom 10.1.2000*
Nr. 2	*Geldrente vom 20.5.2001*	*Nr. 2*	*Grundschuld B-Bank vom 10.1.2000*
		Nr. 3	*Grundschuld C-Bank vom 20.5.2001*

Rang haben nacheinander folgende Rechte:

> *III/1 für die A-Bank*

> *III/2 für die B-Bank*

> *II/1 Wegerecht*

> *Geldrente II/2 und Grundschuld III/3 für die C-Bank im Gleichrang*

Die Grundschulden III/1 und III/2 haben also trotz gleichzeitiger Eintragung keinen Gleichrang (Ortsprinzip), wohl aber die Rechte II/2 und III/3 (Zeitprinzip).

Bleibt ein Grundbuchrecht bestehen?

Aus der Rangfolge der Gläubiger können Sie auch ablesen, ob Sie als Ersteher ein Recht übernehmen müssen oder nicht. Denn das ZVG bestimmt, dass alle dem betreibenden Gläubiger im Rang vorgehenden Rechte bestehen bleiben, damit sie kein Ausfallrisiko trifft.

Betreibt in unserem Rangbeispiel nur die B-Bank das Verfahren, müssen Sie als Ersteher das vorrangige Recht der A-Bank übernehmen. Nur wenn die A-Bank das Verfahren als erstrangige Gläubigerin betreibt, können Sie die Immobilie lastenfrei erwerben. Aber keine Angst: Der Rechtspfleger gibt natürlich im Versteigerungstermin verbindlich bekannt, ob bestehen bleibende Rechte auf Sie zukommen.

In den Kapiteln 3 und 4 erklären wir Ihnen ausführlich, wie Sie in einem solchen Fall reagieren müssen.

Kapitel 2
Das Verfahren von A bis Z – Von der Anordnung bis zum Zuschlag

Im Folgenden ist der Gang des Versteigerungsverfahrens in groben Zügen dargestellt. Dieses Wissen über die Zusammenhänge benötigen Sie als Bietinteressent, um die späteren Vorgänge im Versteigerungstermin richtig einordnen zu können.

Die Anfangsphase

Die Zwangsversteigerung wird stets auf Initiative eines Gläubigers angeordnet, der seinen Versteigerungsantrag an das zuständige Amtsgericht richten muss. Dabei hat der Gläubiger die Zwangsvollstreckungsvoraussetzungen nachzuweisen. Er muss also seinem Antrag den vollstreckbaren Titel (Urteil, notarielle Urkunde, Vollstreckungsbescheid etc.) beifügen.

Ist der Schuldner im Grundbuch als Eigentümer der Immobilie eingetragen und sind alle sonstigen rechtlichen Voraussetzungen erfüllt, erlässt der Rechtspfleger den Anordnungsbeschluss, der dem Schuldner zugestellt wird. Gleichzeitig ersucht er das Grundbuchamt, den Versteigerungsvermerk in das Grundbuch einzutragen.

Der Versteigerungsvermerk in Abteilung II führt nicht zu einer Grundbuchsperre – aber er ist äußerst wichtig:

Er schützt den betreibenden Gläubiger davor, dass der Schuldner-Eigentümer noch zu seinem Nachteil über das Objekt verfügt. Der Schuldner-Eigentümer darf das Objekt zwar weiterhin verwalten und nutzen, sofern nicht gleichzeitig eine Zwangsverwaltung läuft, aber durch den Anordnungsbeschluss wird die Immobilie zugunsten des betreibenden Gläubigers beschlagnahmt, also für ihn und seine Forderung sichergestellt.

Nachfolgende Grundbucheintragungen (zum Beispiel Zwangssicherungshypotheken, aber auch Eigentumsumschreibungen) sind zwar möglich, haben aber aus Sicht des betreibenden Gläubigers keine Wirksamkeit und werden im Versteigerungsverfahren nur auf Anmeldung berücksichtigt.

Praxis-Tipp: Wenn Sie die Konkurrenz im Termin fürchten, können Sie die Immobilie auch vor dem Versteigerungstermin vom Schuldner erwerben. Der Verkauf hält die Versteigerung aber nur auf, wenn der Kaufpreis alle betreibenden Gläubiger zufrieden stellt und diese ihren Versteigerungsantrag zurücknehmen. Andernfalls geht die Versteigerung ohne Rücksicht auf Kaufvertrag und eventuell sogar Eigentumsumschreibung im Grundbuch weiter!

Wollen noch weitere Gläubiger das Verfahren aktiv betreiben, so wird deren Beitritt zugelassen, wobei dieselben Voraussetzungen gelten, wie für den Anordnungsbeschluss. Durch den Beitrittsbeschluss wird zum Beispiel der Gläubiger der zweitrangigen Grundschuld vom bloßen Beteiligten ebenfalls zum betreibenden Gläubiger.

Für jede Immobilie wird zwar ein einheitliches Versteigerungsverfahren durchgeführt, aber es gilt die goldene Regel „Die Verfahren der betreibenden Gläubiger sind stets getrennt zu betrachten“, wobei der bestrangige („bestbetreibende“) Gläubiger die stärkste Machtposition hat.

Jeder betreibende Gläubiger hat nämlich separat das Recht, seinen Versteigerungsantrag zurückzunehmen oder sein Verfahren zweimal für jeweils höchstens sechs Monate einstweilig einzustellen. Damit kann er sogar noch die Zuschlagsentscheidung beeinflussen!

Vom Verhalten des bestbetreibenden Gläubigers hängt daher die weitere Durchführung des Verfahrens und die Entscheidung über den Zuschlag ab.

Der Schuldner seinerseits kann nach jedem Anordnungs- und Beitrittsbeschluss um Aufschub der Versteigerung bitten. Ein solcher Einstellungsantrag hat aber nur dann Erfolg, wenn er glaubhaft machen kann, dass er sanierungsfähig ist und er die Versteigerung maximal innerhalb eines Jahres verhindern kann.

Verkehrswertfestsetzungsverfahren

Sofern der Schuldner keinen Vollstreckungsschutz beantragt oder sein Antrag zurückgewiesen wurde, beginnt das Gericht automatisch mit dem Verfahren zur Festsetzung des Verkehrswertes.

Der Verkehrswert des Objektes ist, neben der nicht offen gelegten Gesamtforderung des bestbetreibenden Gläubigers, die zentrale Größe, die den Ausgang des Versteigerungsverfahrens entscheidend beeinflusst.

Bedeutung des Verkehrswertes

- Von der Höhe der Vorlasten im Verhältnis zum Verkehrswert hängen die Erfolgsaussichten des Gläubigers ab.

- Er ist objektive Verhandlungsgrundlage für Schuldner, Gläubiger und Sie als Erwerbsinteressent, wenn das Objekt zur Abwendung der Versteigerung freihändig verkauft werden soll.

- Die Gläubiger können anhand des Verkehrswertes Ihre Erfolgsaussichten abschätzen

- Werbeeffekt: Die Angabe des Verkehrswertes in den Terminveröffentlichungen des Versteigerungsgerichts spricht den richtigen Interessentenkreis für die verschiedenen Objekte an und gibt Ihnen als Bieter eine Orientierung für Ihr persönliches Bietlimit.

- Der Verkehrswert ist Maßstab für die von Ihnen als Bieter zu erbringende Sicherheitsleistung (10 %, siehe Kapitel 3).

- Schuldnerschutz durch die 5/10-Grenze: Zuschlagsversagung von Amts wegen bei Meistgebot unter der Hälfte des Verkehrswertes.

> Gläubigerschutz durch 7/10-Grenze: Zuschlagsversagung auf Gläubigerantrag bei Meistgebot unterhalb von 70 % des Verkehrswertes.

> Der Verkehrswert ist Bezugsgröße für die Berechnung der Gerichtsgebühren und Grundlage verschiedener Rechenoperationen des Rechtspflegers bei der Aufstellung des geringsten Gebots und der Verteilung des Erlöses.

Das Verfahren zur Festsetzung des Verkehrswertes ist in drei Abschnitte gegliedert:

> Gutachtenauftrag an einen – zumeist öffentlich bestellten und vereidigten – Sachverständigen, eventuell auch den Gutachterausschuss der Stadt oder des Kreises (durch Beschluss des Rechtspflegers)

> nach Vorlage des Gutachtens und Prüfung durch den Rechtspfleger auf logische Richtigkeit, Bewertung des richtigen Objekts und Auswahl der zutreffenden Bewertungsmethode:

  Anhörung aller Verfahrensbeteiligten (Schuldner-Eigentümer, im Grundbuch eingetragene Berechtigte, sonstige Verfahrensbeteiligte) zur beabsichtigten Festsetzung auf der Grundlage des Gutachtens

> Verkehrswertfestsetzungsbeschluss, der vor dem Versteigerungstermin rechtskräftig werden muss (Ablauf einer zweiwöchigen Beschwerdefrist für die Beteiligten).

Praxis-Tipp: Als Bietinteressent sind Sie nicht am Verfahren beteiligt und können daher auch niemals gegen den festgesetzten Verkehrswert angehen. In begründeten Einzelfällen können Sie aber das Gericht auf gravierende Unrichtigkeiten im Gutachten hinweisen.

Der festgesetzte Verkehrswert gilt für das gesamte Verfahren. Er wird nur dann vom Gericht korrigiert, wenn nachträglich erhebliche Veränderungen am Objekt eintreten, zum Beispiel Schäden am Gebäude durch Naturereignisse oder Ackerland wird zu Bauland.

Versteigerungsterminbestimmung

Gleichzeitig mit Erlass oder spätestens nach Rechtskraft des Verkehrswertfestsetzungsbeschlusses wird der Versteigerungstermin bestimmt. Dadurch wird das Verfahren erstmals öffentlich, denn die Terminbestimmung wird

> mindestens vier Wochen vorher allen Verfahrensbeteiligten zugestellt,

> an der Gerichtstafel (in kleineren Orten auch an der Gemeindetafel) für jedermann zugänglich ausgehängt,

> mindestens sechs Wochen vor dem Termin im amtlichen Bekanntmachungsblatt (regional unterschiedlich festgelegt) veröffentlicht,

> von etlichen Gerichten auch schon ins Internet eingestellt (zum Beispiel in Nordrhein-Westfalen: www.zvg.nrw.de),

> in regionalen (bci renditestarken Anlageobjekten auch in überregionalen) Zeitungen beworben.

Im Idealfall ähnelt der Text einer solchen Veröffentlichung dem einer Anzeige für einen freihändigen Verkauf:

Inhalt der Terminbestimmung

Als Bietinteressent können Sie der Versteigerungsterminbestimmung folgende wichtige Angaben entnehmen:

Zwangsversteigerung

am Freitag, 20. April 2007, 9:30 Uhr
im Amtsgericht 40213 Düsseldorf, Mühlenstraße 34,
1. Obergeschoß, Saal A 101.

Eigentumswohnung in Düsseldorf-Friedrichstadt, Wassersstraße 20, 1. Obergeschoss rechts, 4 Zimmer, Küche, Diele, Bad, Balkon, Wohnfläche 92 m², Baujahr 1984, Sondernutzungsrecht an einem PKW-Stellplatz in der Tiefgarage. Verkehrswert: 165.000 EUR.
Amtsgericht Düsseldorf (080 K 300/06) www.zvg.nrw.de

- das Aktenzeichen des Verfahrens (im Beispiel 80 K 300/06) – Sie benötigen es für Ihre weiteren Recherchen bei Gericht, siehe Kapitel 3!

- Zeit und Ort des Versteigerungstermins (meist ein Zimmer oder Saal im Gerichtsgebäude),

- die genaue Bezeichnung des Grundstücks: Grundbuchbezeichnung mit Lage und Größe sowie etwaige abweichende tatsächliche Verhältnisse, etwa wenn eine „Freifläche" inzwischen tatsächlich bebaut ist,

- mindestens schlagwortartig die Objektart und -nutzung, zum Beispiel „bebaut mit Einfamilienhaus", „Hotelgrundstück"; wünschenswert, aber nicht von allen Gerichten praktiziert, sind ausführliche Angaben zu den tatsächlichen Verhältnissen des Objekts wie in der Zeitungsveröffentlichung (Art des Gebäudes, Wohnfläche, Anzahl der Räume, Baujahr, derzeitige Nutzung).

- den festgesetzten Verkehrswert,

- die Angabe, ob in einem vorangegangenen Versteigerungstermin der Zuschlag wegen Nichterreichens einer der Grenzen versagt wurde (diese gelten dann nämlich im neuen Termin nicht mehr, wie im Folgenden noch erläutert wird).

Auf den folgenden beiden Seiten sehen Sie, wie eine Terminbestimmung, wie sie auch an der Gerichtstafel aushängt, in der Praxis aussieht:

z.B.

Amtsgericht
Geschäfts-Nr. 080 K 300/06
(Bitte bei allen Schreiben angeben)

40213 Düsseldorf, 4. Januar 2007
Mühlenstraße 34
Tel.: 02 11/83 06 - Durchwahl

Zwangsversteigerung

Im Wege der Zwangsvollstreckung soll am

Freitag, 20. April 2007, 9:30 Uhr

im Gerichtsgebäude des Amtsgerichts Düsseldorf

40213 Düsseldorf, Mühlenstraße 34, 1. Obergeschoss, Saal A 101

das im

Grundbuch von Unterbilk Blatt 1234

eingetragene Wohnungseigentum versteigert werden.

Bezeichnung gemäß Bestandsverzeichnis:

765/10.000 Miteigentumsanteil an dem Grundstück
Gemarkung Unterbilk, Flur 9, Flurstück 246,
Gebäude- und Freifläche, Wasserstraße 20, Größe 614 m²
verbunden mit dem Sondereigentum an der Wohnung im 1. Obergeschoss rechts nebst einem Kellerraum im Kellergeschoss, im Aufteilungsplan mit **Nr. 4** bezeichnet

z.B.

Der Versteigerungsvermerk ist in das genannte Grundbuch am **14. August 2006** eingetragen worden.

Der **Verkehrswert** wurde gemäß § 74 a Abs. 5 ZVG festgesetzt auf

165.000,00 EUR.

Im Internet (www.zvg.nrw.de) und in der Tagespresse wird das Versteigerungsobjekt laut Gutachten wie folgt beschrieben:

Eigentumswohnung in Düsseldorf-Friedrichstadt, Wasserstraße 20, 1. Obergeschoss rechts, 4 Zimmer, Küche, Diele, Bad, Balkon, Wohnfläche 92 m², Baujahr 1984, Sondernutzungsrecht an einem PKW-Stellplatz in der Tiefgarage.

Ist ein Recht in dem genannten Grundbuch nicht vermerkt oder wird ein Recht später als der Versteigerungsvermerk eingetragen, so muss die/der Berechtigte dieses Recht spätestens im Termin vor der Aufforderung zur Abgabe von Geboten anmelden. Sie/Er muss das Recht glaubhaft machen, wenn die Gläubigerin/der Gläubiger widerspricht. Das Recht wird sonst bei der Feststellung des geringsten Gebots nicht berücksichtigt und bei der Verteilung des Versteigerungserlöses dem Anspruch der Gläubigerin/des Gläubigers und den übrigen Rechten nachgesetzt.
Soweit die Anmeldung oder die erforderliche Glaubhaftmachung eines Rechts unterbleibt oder erst nach dem Verteilungstermin erfolgt, bleibt der Anspruch aus diesem Recht gänzlich unberücksichtigt.
Es ist zweckmäßig, schon zwei Wochen vor dem Termin eine genaue Berechnung des Anspruchs, getrennt nach Hauptbetrag, Zinsen und Kosten der Kündigung und der die Befriedigung aus dem Versteigerungsgegenstand bezweckenden Rechtsverfolgung, einzureichen und den beanspruchten Rang mitzuteilen. Die/Der Berechtigte kann die Erklärung auch zur Niederschrift der Geschäftsstelle abgeben.
Wer ein Recht hat, dass der Versteigerung des Versteigerungsgegenstandes oder des nach § 55 ZVG mithaftenden Zubehörs entgegensteht, wird aufgefordert, die Aufhebung oder einstweilige Einstellung des Verfahrens zu bewirken, bevor das Gericht den Zuschlag erteilt. Geschieht dies nicht, tritt für das Recht der Versteigerungserlös an die Stelle des versteigerten Gegenstandes.

Müller-Rehbein
Rechtspflegerin

A u s g e f e r t i g t

Justizangestellte
als Urkundsbeamter
der Geschäftsstelle

Amtsgericht Düsseldorf

Welcher Zeitraum zwischen der Bestimmung und dem vorgesehenen Termin liegt, hängt vom Geschäftskalender und dem Arbeitsanfall beim Versteigerungsgericht ab und steht in dessen Ermessen. Normal ist eine Zeitspanne von mindestens drei Monaten, damit die gesetzlich vorgeschriebenen Fristen eingehalten werden können.

Praxis-Tipp: Wegen der zwingend vorgeschriebenen gesetzlichen Fristen kann ein Versteigerungstermin niemals kurzfristig verschoben oder verlegt werden, etwa weil der Schuldner erkrankt ist. Der einmal bestimmte Termin ist verbindlich – er kann allerdings bis zur letzten Minute ausfallen.

Der Versteigerungstermin

Der Versteigerungstermin mit der abschließenden Verhandlung über den Zuschlag ist praktisch die Schicksalsstunde des gesamten Verfahrens. Hier entscheidet sich, welche Beteiligten ihr Verfahrensziel erreichen: Wird der Zuschlag zu einem hohen Gebot erteilt, freuen sich Gläubiger und vernünftige Schuldner. Erhält der Bieter das Objekt zum Schnäppchenpreis, kann nur er zufrieden sein. Verläuft der Termin ergebnislos, weil keine Gebote abgegeben wurden oder der Zuschlag versagt werden musste, kommt das wohl nur einem Schuldner entgegen, der auf Zeit spielt.

Der Termin findet als öffentliche Sitzung des Amtsgerichts statt, so dass jedermann Zutritt hat. Der Rechtspfleger leitet den Termin, in umfangreichen Sitzungen zieht er einen Protokollführer hinzu. Zu Beginn der Sitzung wird die Sache aufgerufen. Spätestens zu diesem Zeitpunkt sollten alle Verfahrensbeteiligten und Bietinteressenten im Saal Platz genommen haben. Es folgt die Feststellung der anwesenden Verfahrensbeteiligten (Schuldner, betreibende Gläubiger, meist Bankenvertreter, aber auch zum Beispiel WEG-Verwalter). Als bloßer Bietinteressent müssen Sie sich nicht melden.

Praxis-Tipp: Weil der gesamte Versteigerungstermin so außerordentlich wichtig ist, sollten Sie ihn auch als Bietinteressent gut vorbereitet (vgl. Kapitel 3) und äußerst pünktlich wahrnehmen.

Der Ablauf des Versteigerungstermins gliedert sich stets in drei große Abschnitte:

1. den Bekanntmachungsteil,
2. die Bietzeit,
3. die Verhandlung und Entscheidung über den Zuschlag.

Im ersten Terminabschnitt, dem Bekanntmachungsteil, erfahren Beteiligte und Interessenten alles Wichtige über die rechtlichen und tatsächlichen Verhältnisse des Versteigerungsobjekts sowie die Bedingungen der Versteigerung.

Der Rechtspfleger gibt unter anderem folgende Fakten bekannt:

- den wesentlichen Grundbuchinhalt,
- die Gläubiger, die das Verfahren betreiben, und ihre Ansprüche,
- den Zeitpunkt der ersten Beschlagnahme,
- die Anmeldungen der Beteiligten, auch etwaiger Mieter und Pächter
- den festgesetzten Verkehrswert mit 5/10- und 7/10-Grenze, sofern diese Grenzen noch gelten,
- die Grunderwerbsteuerpflicht des Erstehers,
- etwaige Besonderheiten, wie Baulasten, Wohnungsbindung, Denkmalschutz, Altlasten etc.,
- die gesetzlichen Versteigerungsbedingungen und das geringste Gebot einschließlich möglicher bestehen bleibender Rechte.

Praxis-Tipp: Der Bekanntmachungsteil mag Ihnen langweilig und rechtlich kompliziert erscheinen. Gleichwohl sollten Sie ihn mit Aufmerksamkeit verfolgen, um nicht im weiteren Verlauf des Termins böse Überraschungen erleben zu müssen.

Bei Unklarheiten jeder Art bitten Sie den Rechtspfleger, der den Termin leitet, um Erläuterungen. Er ist allen Anwesenden gegenüber verpflichtet, Fragen, die für das Verfahren wichtig sind, zu beantworten. Unterbrechen Sie aber nicht den Bekanntmachungsteil, sondern warten Sie den Beginn der Bietzeit ab, an dem meist eine kleine Pause eintritt.

Geringstes Gebot

Teile der gesetzlichen Versteigerungsbedingungen sind weiterhin die Vorschriften zum geringsten Gebot, einer rechnerischen Größe, die nicht unterschritten werden darf, wenn das Gebot wirksam sein soll. Dabei gilt der Deckungsgrundsatz: Ansprüche, die dem Recht des bestrangig betreibenden Gläubigers vorgehen – maßgebend ist die Rangordnung des § 10 ZVG, vgl. Tabelle in Kapitel 1, Seite 11 –, dürfen durch das Verfahren nicht beeinträchtigt werden. Das sind zum Beispiel Gerichtskosten und Grundsteuern, können aber auch erstrangige Grundschulden sein, aus denen das Verfahren nicht betrieben wird. Das geringste Gebot gibt also den Betrag an, der diese Ansprüche einschließlich der Kosten des Verfahrens deckt.

Die „Goldene Regel“ des geringsten Gebots heißt somit:

Alle Ansprüche, die dem bestbetreibenden Gläubiger im Range vorgehen, müssen im geringsten Gebot enthalten sein. Das geringste Gebot besteht aus zwei Teilen, dem zu zahlenden Teil und den bestehen bleibenden Rechten.

Der zu zahlende Teil des geringsten Gebots) enthält:

> die Gerichtskosten des Verfahrens (Rangklasse „0“),

- öffentliche Grundstückslasten (zum Beispiel Grundsteuern) der Rangklasse 3 auf Anmeldung (sofern das Verfahren nicht daraus betrieben wird),

- Kosten und wiederkehrende Leistungen (etwa Zinsen) sowie einmalige Nebenleistungen bestehen bleibender Rechte in der Rangklasse 4 (laufende Leistungen von Amts wegen, Kosten und bis zu zwei Jahre rückständige Leistungen nur auf Anmeldung).

Ein Gebot, das unter dem bekannt gegebenen geringsten Gebot liegt, ist unzulässig. Der Rechtspfleger muss es zurückweisen.

Bestehen bleibende Rechte

Bestehen bleibende Rechte sind, entsprechend dem Deckungsgrundsatz, alle dem bestbetreibenden Gläubiger vorrangigen Rechte der Abteilungen II und III, in der Praxis häufig Dienstbarkeiten (zum Beispiel Leitungs- oder Wegerechte), aber auch Grundschulden mit ihrem Kapital und den eingetragenen Zinsen ab Zuschlag. Als Ersteher müssen Sie diese Rechte nach dem Übernahmegrundsatz ab Zuschlag übernehmen. Soweit es sich um Hypotheken oder Grundschulden handelt, haften Sie mit dem Grundstück für deren Kapital nebst Zinsen ab Zuschlag.

Kosten und Zinsen aus den bestehen bleibenden Rechten vor Zuschlag sowie eine etwaige einmalige Nebenleistung zahlt das Gericht im Verteilungsverfahren aus dem zu zahlenden Gebot; sie treffen Sie als Ersteher daher nicht.

Hinsichtlich aller nachrangiger Rechte, die nicht als Teil des geringsten Gebots bestehen bleiben, gilt der Umwandlungs- oder Surrogationsgrundsatz: Sie erlöschen durch den Zuschlag, haben aber Anspruch auf Zahlung aus dem Erlös, soweit dieser ausreicht. Das bare Meistgebot tritt an die Stelle des Objektes.

Praxis-Tipp: Verfolgen Sie mit größter Aufmerksamkeit die Bekanntgabe des Rechtspflegers, ob und gegebenenfalls in welcher Höhe Rechte bestehen bleiben. Ohne diese Kenntnis können Sie nicht wirtschaftlich sinnvoll bieten. Sie können später nicht von Ihrem Gebot

Tipp

zurücktreten, wenn Sie sich als Bieter über bestehen bleibende Rechte geirrt haben. Meist bleiben jedoch keine Grundschulden bestehen, weil der erstrangige Gläubiger das Verfahren betreibt. Das geringste (Bar-) Gebot besteht daher in der Praxis häufig nur aus den Gerichtskosten und dem Grundsteueranspruch. Es bildet dann lediglich eine – oft überschätzte – rechnerische Größe, die wegen ihrer geringen Höhe für das Bietverhalten weitestgehend unbedeutend ist. Die gesamte Litanei der Schulden und Grundbuchbelastungen, die der Rechtspfleger verlesen muss, ist für Bieter im Normalfall bedeutungslos.

Am Ende des Bekanntmachungsteils fordert der Rechtspfleger zur Abgabe von Geboten auf. Damit beginnt der zweite Teil des Versteigerungstermins, sein „Herzstück": die Bietzeit. Die Mindestzeit für die Abgabe von Geboten beträgt 30 Minuten. Diese „halbe Bietstunde" ist aber keine Ausschlussfrist: Das Bietgeschäft wird so lange fortgesetzt, bis nach dreimaligem Aufruf des letzten Gebotes niemand mehr ein höheres Gebot abgibt. Da schriftliche Gebote im Termin oder gar im Vorfeld unzulässig sind, müssen Sie sich als Bieter nach vorn zum Rechtspfleger begeben und dort ausweisen. Sodann nennen Sie Ihr Gebot, und zwar das zu zahlende Gebot. Etwaige bestehen bleibende Rechte sind „im Geiste" dazuzurechnen. Seien Sie auch darauf vorbereitet, Sicherheit in Höhe von 10 % des Verkehrswertes leisten zu müssen. Einzelheiten zum Ablauf des Bietgeschäfts erfahren Sie in Kapitel 3.

Der Rechtspfleger nimmt jedes Gebot entgegen, verkündet es und entscheidet sofort über dessen Wirksamkeit. Entweder er lässt es zu (ausdrücklich oder einfach dadurch, dass er es laut bekannt gibt) oder er weist es aus Rechtsgründen mit einem kurzen Beschluss zurück (zum Beispiel wegen fehlender Sicherheitsleistung, formloser Vollmacht oder ähnlichen Gründen).

Jedes weitere Gebot muss das bis dahin vorliegende überschreiten („Übergebot"). Dabei sollten Sie vernünftige Bietschritte in Relation zum Verkehrswert des Objektes wählen.

Ihre Gebote im Versteigerungstermin sind stets verbindlich. Sie können sie in keinem Fall zurücknehmen und nur in extremen Ausnahmefällen wegen Irrtums anfechten.

Gebote, die Sie einmal wirksam abgegeben haben, erlöschen – von äußerst seltenen Ausnahmefällen abgesehen – nur unter folgenden Voraussetzungen:

1. wenn das Gericht ein Übergebot zulässt oder

2. wenn der Rechtspfleger ein Gebot zurückweist (es sei denn, der Bieter oder ein Beteiligter widerspricht der Zurückweisung) oder

3. wenn das Gericht das Verfahren einstellt oder der Gläubiger seinen Antrag zurücknimmt sowie bei vollständiger Aufhebung des Versteigerungstermins oder

4. wenn der Rechtspfleger rechtskräftig den Zuschlag versagt.

Nur in diesen Fällen erlischt Ihre Bindung als Bieter an das Gebot, ansonsten müssen Sie zahlen.

Praxis-Tipp: Als Bieter sollten Sie den Terminsaal nicht verlassen, um etwa in der Gerichtskantine eine Tasse Kaffee zu trinken: In der Zeit Ihrer Abwesenheit könnte sich Entscheidendes ereignen. Die Bietzeit läßt sich gegebenenfalls nutzen

> zu Verhandlungen mit den Gläubigervertretern, Schuldnern, Bietern und anderen Anwesenden,

> zur Beschaffung weiterer Informationen von anwesenden Beteiligten oder Bietkonkurrenten,

> zur Einsichtnahme in das Verkehrswertgutachten, die Teilungserklärung bei Wohnungseigentum und Bewilligungen von bestehen bleibenden Rechten, deren vollständiger Inhalt aus dem Grundbuch allein nicht ersichtlich ist. Diese Unterlagen liegen für Sie beim Rechtspfleger zur Einsicht bereit.

Nach Ablauf von dreißig Minuten gibt der Rechtspfleger das Meistgebot, also das zu diesem Zeitpunkt letzte und höchste Gebot, bekannt. In der Praxis geschieht dies meist durch dreimaligen Aufruf des Gebots mit Betrag und Namen des Bieters. Anders als bei sonstigen Auktionen beendet jedoch der dritte Aufruf noch nicht das Versteigerungsgeschäft: Weitere Gebote können Sie noch direkt nach dem dritten Aufruf abgeben. Neue Gebote führen zur Wiederholung der beschriebenen Verfahrensweise – so lange, bis tatsächlich keine weiteren Gebote mehr folgen.

Erst dann verkündet der Rechtspfleger den Schluss der Versteigerung. Von diesem Moment an darf niemand mehr bieten; die Bietzeit wird unter keinen Umständen noch einmal eröffnet.

Damit ist der Versteigerungstermin aber noch nicht endgültig beendet. Weit verbreitet ist das Missverständnis, der Meistbietende erhalte auch automatisch den Zuschlag. Aber: Freuen Sie sich nicht zu früh.

Es folgt nämlich der dritte Terminabschnitt, an dessen Ende das Gericht verkündet, wie es über den Zuschlag entscheidet. Diese Verhandlung über den Zuschlag entscheidet über das Schicksal des Meistgebots!

Tipp

Praxis-Tipp: Nachdem Sie so lange ausgeharrt haben, sollten Sie, auch wenn Sie nicht Meistbietender geblieben sind, den Terminsaal auf keinen Fall vor der Schlussentscheidung verlassen. Andernfalls erfahren Sie den Ausgang des Termins wahrscheinlich nur auf Umwegen. Die meisten Gerichte geben nämlich keine telefonischen Auskünfte über das Terminergebnis, und wenn, dann nur an Verfahrensbeteiligte.

Nach Schluss der Versteigerung hört das Gericht alle anwesenden Verfahrensbeteiligten und den Meistbietenden zum Terminergebnis an. Dies ist im Versteigerungstermin der letzte Moment für die Beteiligten, um Erklärungen abzugeben, die die anschließende Entscheidung des Gerichts beeinflussen könnten.

Keine Gebote – Der ergebnislose Versuch

Vorab: Es gibt Termine, bei denen keine Entscheidung über den Zuschlag fallen kann. Stellt nämlich der Rechtspfleger nach Schluss der

Versteigerung fest, dass keine Gebote abgegeben wurden, so beschließt das Gericht die Verfahrenseinstellung gemäß § 77 Abs. 1 ZVG mangels Abgabe von Geboten.

Dieser Beschluss betrifft alle in diesem Termin betreibenden Gläubiger. Nach einem Fortsetzungsantrag des jeweiligen Gläubigers, den dieser binnen sechs Monaten stellen muss, wird ein neuer Versteigerungstermin angesetzt.

Sofern aber nach Schluss der Versteigerung mindestens ein wirksames Gebot vorliegt, muss der Rechtspfleger über den Zuschlag entscheiden – sei es durch Zuschlagserteilung oder Zuschlagsversagung!

Verkündungstermin

Den Beschluss über den Zuschlag gibt das Gericht direkt im Versteigerungstermin oder in einem sofort zu bestimmenden (wiederum öffentlichen) Verkündungstermin bekannt. Die Zuschlagsentscheidung soll nicht länger als eine Woche hinausgeschoben werden, aber grundsätzlich ist auch ein weiträumigerer Termin zulässig.

Der bestbetreibende Gläubiger kann, ebenso wie die anderen Beteiligten, einen Antrag auf Aussetzung der Zuschlagsentscheidung stellen. Zur Begründung wird häufig vorgetragen, das Versteigerungsergebnis sei hinter den Erwartungen zurückgeblieben und die Zuschlagsfähigkeit des Meistgebots sei bankintern noch zu prüfen.

Tatsächlich nutzen Gläubigerbanken eine erfolgreich beantragte Aussetzung häufig dazu, Sie als Meistbietenden zu einer außergerichtlichen Zuzahlung zu bewegen. Ob der Rechtspfleger dem Aussetzungsantrag stattgibt, liegt allein in seinem Ermessen.

Praxis-Tipp: Als Meistbietender haben Sie ein Recht darauf, dass das Gericht über Ihr Gebot entscheidet. Sie haben Sicherheit geleistet und bleiben bis zur Verkündung der Entscheidung an Ihr Gebot gebunden. Deshalb sollten Sie dem Antrag auf Aussetzung der Zuschlagsentscheidung normalerweise energisch widersprechen. Der Gläubiger wird nämlich in der Zwischenzeit vielleicht versuchen, Sie außerhalb des Verfahrens zu einer Zuzahlung an ihn zu bewegen, und sich seine Zustimmung zum Zuschlag quasi abkaufen lassen. Das ist aus seiner Sicht zwar legitim, für Sie wird es dann aber teurer als geplant.

Zuschlagserteilung

Der Zuschlag ist das zentrale Ereignis in einem Zwangsversteigerungsverfahren. Es handelt sich dabei nicht um einen Vertrag, sondern um einen staatlichen Hoheitsakt, der das Eigentum am Versteigerungsobjekt für den Ersteher neu begründet; der Ersteher ist also nicht Rechtsnachfolger des Schuldners.

Dadurch ist für Sie als Ersteher auch die Gefahr gebannt, etwa für alte Schulden des Voreigentümers aufkommen zu müssen.

Den Zuschlag erteilt das Gericht – wenn kein Zuschlagsversagungsgrund vorliegt – dem Meistbietenden, also Ihnen, wenn Sie das höchste wirksame Gebot abgegeben haben. Der Beschluss wird im Termin verkündet. Später wird er auch schriftlich niedergelegt; ein Beispiel finden Sie auf den nächsten Seiten.

z.B.

Geschäfts-Nr.: 080 K 300/06
(Bitte bei allen Schreiben angeben)

AMTSGERICHT DÜSSELDORF

BESCHLUSS

In dem Verfahren zur Zwangsversteigerung
einer Eigentumswohnung in Düsseldorf-Friedrichstadt

<u>Grundbuchbezeichnung:</u>

Grundbuch von Unterbilk Blatt 1234

765/10.000 Miteigentumsanteil an dem Grundstück
Gemarkung Unterbilk, Flur 9, Flurstück 246,
Gebäude- und Freifläche, Wasserstraße 20, Größe 614 m²
verbunden mit dem Sondereigentum an der Wohnung im 1. Obergeschoss
rechts nebst einem Kellerraum im Kellergeschoss, im Aufteilungsplan
mit **Nr. 4** bezeichnet

<u>Eigentümer zu je 1/2 Anteil:</u>
a) Karl König
b) Katrin König geborene Neu
beide wohnhaft Wasserstraße 20, 40468 Düsseldorf

z.B.

blieb im heutigen Versteigerungstermin Meistbietender:

Hubert Schneider
geboren am 21.01.1942,
wohnhaft Narzissenweg 19, 40881 Düsseldorf.

Das vorbezeichnete Versteigerungsobjekt wird daher dem Meistbietenden für den durch Zahlung zu berichtigenden Betrag von

131.000,00 EUR
(einhunderteinunddreißigtausend Euro)

unter den folgenden Bedingungen zugeschlagen:

1. Es bleibt folgendes Recht bestehen:
   Abteilung II Nr. 1 - Grunddienstbarkeit (Wegerecht)

2. Für den Fall, dass das Recht Abteilung II Nr. 1 zum Zeitpunkt des Zuschlags nicht besteht, hat der Ersteher einen Betrag von 50,00 EUR nachzuzahlen, § 51 Abs. 2 ZVG.

3. Der durch Zahlung zu berichtigende Betrag des Meistgebots ist von heute an mit 4 % zu verzinsen und mit diesen Zinsen bis zum Verteilungstermin an das Gericht zu zahlen, mit Ausnahme der unter Rücknahmeverzicht erbrachten Sicherheitsleistung von 16.500,00 EUR.

4. Die Kosten dieses Beschlusses trägt der Ersteher.

5. Im übrigen gelten die gesetzlichen Versteigerungsbedingungen.

Düsseldorf, 20. April 2007
Müller-Rehbein
Rechtspflegerin

Ausgefertigt
Justizangestellte
als Urkundsbeamter der Geschäftsstelle

Zuschlagswirkungen

Was Sie nach dem Zuschlag erwartet, stellen wir in Kapitel 4 ausführlich dar. An dieser Stelle listen wir die Wirkungen nur auf, ohne ihre Tragweite zu erläutern.

- Eigentumserwerb durch den Ersteher hinsichtlich des Grundstücks mit seinen Bestandteilen sowie an den mitversteigerten Gegenständen (Zubehör),
- Erlöschen der Rechte, die nach den Versteigerungsbedingungen nicht bestehen bleiben,
- Dingliche Übernahme der Rechte, die nach den Versteigerungsbedingungen bestehen geblieben sind, sowie unter Umständen auch die Übernahme der persönlichen Schuld durch Sie als Ersteher,
- Übergang der Nutzungen, Lasten und Gefahren auf Sie als Ersteher,
- Eintritt in bestehende Miet- und Pachtverhältnisse bei Erwerb eines Ausnahmekündigungsrechts (zeitlicher Vorteil),
- Pflicht, das Meistgebot nebst Zinsen sowie die Gerichtskosten zu zahlen,
- Möglichkeit der Räumungsvollstreckung gegen den Schuldner und seine Familie.

Die Wirkungen treten unmittelbar mit Verkündung des Beschlusses ein, können jedoch „schlimmstenfalls" durch Aufhebung des Zuschlags im Beschwerdeverfahren nachträglich wieder entfallen, so dass sich für Sie als Ersteher bis zur Rechtskraft des Beschlusses eine Art Schwebezustand ergibt.

Wann wird der Zuschlag versagt?

Dafür, dass das große Verfahrensziel eines Zuschlags zu einem guten Meistgebot verfehlt wird, gibt es zahlreiche Rechtsgründe, die teilweise vom Gericht von Amts wegen, teils nur auf Initiative eines Beteiligten zu beachten sind. Die folgende Darstellung der Zuschlagsversagungsgründe beschränkt sich auf die wichtigsten und in der Praxis häufigsten Fälle.

Was bedeutet die 5/10-Grenze?

Von Amts wegen, das heißt ohne Antrag eines Beteiligten, ist der Zuschlagsversagungsgrund des § 85 a Abs. 1 ZVG zu beachten: Der Zuschlag ist zu versagen, wenn das im „ersten Termin" (siehe unten) erzielte Meistgebot 5/10 des festgesetzten Grundstücksverkehrswerts nicht erreicht.

Dabei muss das Gericht bares Meistgebot und etwaige von Ihnen zu übernehmende Rechte der Hälfte des Verkehrswertes gegenüberstellen.

Berechnungsbeispiele

Fall 1:

festgesetzter Verkehrswert	*125.000 EUR*
bestehen bleibendes Recht:	
Grundschuld Abteilung III Nr. 1	*40.000 EUR*
bares Meistgebot	*15.000 EUR*

Lösung:

Zuschlagsversagung gemäß § 85 a Abs. 1 ZVG, da das Meistgebot von insgesamt 55.000 EUR die Hälfte des Verkehrswerts (62.500 EUR) nicht erreicht.

Fall 2:

festgesetzter Verkehrswert	*125.000 EUR*
bestehen bleibendes Recht:	
Wegerecht Abteilung II Nr.1	
festgesetzter Zuzahlungsbetrag	

(dazu Kapitel 3)	*1.000 EUR*
bares Meistgebot	*61.500 EUR*

Lösung:

Zuschlagserteilung; § 85 a Abs. 1 ZVG steht dem nicht entgegen, da das Meistgebot die Hälfte des Verkehrswerts (62.500 EUR genau erreicht. Das Überschreiten der 5/10-Grenze ist nicht erforderlich.

Meistgebot einer Gläubigerbank

Obwohl § 85 a Abs. 1 ZVG mit seiner 5/10-Grenze die Beteiligten vor der Verschleuderung des Objektes schützt, ist auch folgende scheinbare „Sensationsmeldung" juristisch und wirtschaftlich völlig korrekt:

„Millionenobjekt im ersten Termin für 15.000 EUR versteigert!"

Der Rechtspfleger kann den Zuschlag nämlich auch dann erteilen, wenn zwar bestehen bleibende Rechte und bares Meistgebot die Hälfte des Verkehrswertes unterschreiten, das Meistgebot aber von einem Grundschuld- oder Hypothekengläubiger abgegeben wurde. In diesem Fall ist dessen Ausfall bei der Erlösverteilung dem Meistgebot hinzuzurechnen (§ 85 a Abs. 3 ZVG). Der Schuldner erleidet dadurch keinen Nachteil, denn die ersteigernde Bank muss dem Darlehenskonto des Schuldners den Betrag gutschreiben, den er bei einem Meistgebot in Höhe von sogar 70 % erhalten hätte.

Praxis-Tipp: So lange die 5/10-Grenze noch gilt, sollten Sie sich bei Geboten von Gläubigern, die unter der Hälfte des Verkehrswerts liegen, beim Rechtspfleger erkundigen, ob diese zuschlagsfähig im Sinne von § 85 a Absatz 3 ZVG sind. Vertrauen Sie nicht auf eine Zuschlagsversagung und lassen Sie sich deshalb nicht vom Bieten abhalten. Andernfalls könnte Sie der Zuschlag auf ein scheinbar niedriges Meistgebot am Terminende überraschen.

Wann findet die 7/10-Grenze Anwendung?

Liegt das wirtschaftliche Meistgebot über der Hälfte des Verkehrswertes, erreicht aber 7/10 nicht, so wird das Gericht nicht automatisch den Zuschlag versagen. In diesem Fall ist der Antrag eines betroffenen Gläubigers, der durch diese Regelung geschützt werden soll, erforderlich.

Die Zuschlagsversagung wegen Nichterreichens der 7/10-Grenze setzt nach der Vorschrift des § 74 a Absatz 1 ZVG voraus,

- dass die Addition von barem Meistgebot und bestehen bleibenden Rechten weniger als 70 % des Verkehrswertes ergibt,
- dass ein Gläubiger, der bei dem vorliegenden Meistgebot wenig oder gar nichts aus dem Erlös bekommt, bei einem Meistgebot in Höhe von 7/10 des Wertes jedoch besser gestellt wäre und
- dieser Gläubiger in der Verhandlung über den Zuschlag einen entsprechenden Antrag stellt.

Wie lange gelten die Grenzen?

Wenn das Gericht den Zuschlag versagt hat, weil 5/10- oder 7/10-Grenze zur Anwendung kamen, bestimmt es ohne weiteren Antrag eines Beteiligten sofort einen neuen Versteigerungstermin.

Hinsichtlich der Geltungsdauer der beiden Grenzen im Verfahren gilt es, einen weit verbreiteten Irrtum auszuräumen:

Der von vielen Interessenten oft zitierte Satz „Die Grenzen gelten nur im ersten Termin“ ist falsch! Richtig ist: 5/10- und 7/10-Grenze gelten im Verfahren so lange, bis einmal wegen Nichterreichens einer der beiden Grenzen der Zuschlag versagt wurde! Im dann folgenden nächsten Versteigerungstermin gelten beide Grenzen nicht mehr!

Wurde also im ersten Termin überhaupt kein Gebot abgegeben oder gab es eine Zuschlagsversagung aus anderen Gründen, gelten die beiden Grenzen im folgenden (zweiten) Termin immer noch. Das heißt aber auch: In jedem Verfahren kann es nur einmal eine Zuschlagsversagung aufgrund einer der beiden Grenzen geben. Der Verbrauch der Grenzen wird von den Versteigerungsgerichten in der neuen Terminbestimmung veröffentlicht.

Schrankenloser Billigerwerb nach Wegfall der Grenzen?

Viele nicht so versierte Interessenten glauben, nach Verbrauch der beiden Grenzen seien im nächsten Termin Tür und Tor für einen Billigerwerb geöffnet, doch auch dies ist ein Irrtum.

Der bestbetreibende Gläubiger ist stets Herr des Verfahrens; er kann die Zuschlagsentscheidung noch auf eine andere Art beeinflussen: Entspricht das Meistgebot seinen Vorstellungen nicht, sei es was die Höhe anbelangt oder auch aus anderen Gründen, die er nicht offen legen muss, kann der betreibende Gläubiger nach Schluss der Versteigerung die einstweilige Einstellung des Verfahrens bewilligen. Der Rechtspfleger muss dann den Zuschlag versagen.

Von diesem Mittel der Einstellungsbewilligung kann der Gläubiger allerdings nur zwei Mal während des Gesamtverfahrens Gebrauch machen. Dies kann schon im Vorfeld des Versteigerungstermins geschehen sein.

Praxis-Tipp: Erkundigen Sie sich spätestens im Versteigerungstermin beim Rechtspfleger danach, wie etwaige vorangegangene Termine endeten und wie oft der bestbetreibende Gläubiger im gesamten Verfahren bereits die einstweilige Einstellung bewilligt hat. Kann die bestbetreibende Bank tatsächlich nicht noch einmal einstellen, bliebe ihr nur die Antragsrücknahme als letzte Möglichkeit, den Zuschlag zu verhindern. In diesem Fall wäre das ganze Versteigerungsverfahren beendet und müsste ganz neu aufgerollt werden. Für Sie eine gute Verhandlungsposition mit besten Voraussetzungen Ihr Schnäppchen zu machen!

Welche weiteren Gründe für eine Zuschlagsversagung gibt es?

Zum Schluss sei noch darauf hingewiesen, dass es neben den hier dargestellten häufigsten Versagungsgründen für einen Zuschlag etliche andere Umstände gibt, die den Zuschlag verhindern können, zum Beispiel

- Verfahrensfehler, die das Gericht erst nach Durchführung der Bietzeit entdeckt (sollten bei sorgfältiger Bearbeitung jedoch nicht vorkommen).

- Ablösung der Forderung des bestbetreibenden Gläubigers durch den Schuldner oder einen nachrangigen Gläubiger (passiert häufig, wenn der Gläubiger das Verfahren nur wegen einer geringen Forderung betreibt).

- Begründeter Schutzantrag des Schuldner-Eigentümers, wonach die Vollstreckung sittenwidrig sei.

Dieser Antrag wird oft gestellt, hat aber selten Erfolg, da es sich um eine extreme Ausnahmevorschrift handelt. Der Rechtspfleger wird aber die Entscheidung zumindest für einige Tage aussetzen müssen, um den Zuschlagsbeschluss umfangreich zu begründen.

Die Endphase

An den Zuschlag im Versteigerungs- oder Verkündungstermin schließt sich das gerichtliche Verfahren zur Verteilung des Erlöses an.

Das Versteigerungsgericht bestimmt von Amts wegen einen so genannten Verteilungstermin, zu dem der Ersteher sein Meistgebot zahlen muss. In diesem Termin werden die Ansprüche der Gläubiger entsprechend ihrer Rangfolge aus dem Versteigerungserlös, der an die Stelle des Grundstücks getreten ist, befriedigt.

Wie läuft das Erlösverteilungsverfahren ab?

Im Einzelnen umfasst das Verteilungsverfahren folgende Abschnitte:

> Bestimmung des Verteilungstermins,

> Anmeldung der Ansprüche durch die Gläubiger,

> Aufstellung des Teilungsplans im Verteilungstermin: Wer erhält den Erlös?

> Verhandlung über den Plan im Termin,

> Ausführung des Teilungsplans.

Das Gericht setzt den Verteilungstermin zumeist unmittelbar nach dem Zuschlagsbeschluss fest, gelegentlich aber auch erst nach dessen Rechtskraft (Ablauf der zweiwöchigen Beschwerdefrist). Die Terminbestimmung stellt der Rechtspfleger daher gleichzeitig mit dem Zuschlagsbeschluss oder separat den Verfahrensbeteiligten und Ihnen als Ersteher zu. Sie müssen die Verteilungsterminbestimmung spätestens zwei Wochen vor dem Termin erhalten. Zwischen dem Zuschlag und dem Verteilungstermin liegt jedoch in der Regel eine Zeitspanne von mindestens sechs bis zehn Wochen. Diesen Zeitraum benötigen insbesondere Sie als Ersteher, um die Finanzierung des Meistgebots sicherzustellen. Bei serviceorientierten Gerichten erhalten Sie zusätzlich zur Terminbestimmung ein Schreiben, aus dem sich die Höhe Ihrer Zahlungsverpflichtung und die genauen Angaben für die Überweisung ergeben.

Näheres dazu, auch ein Musteranschreiben aus der Praxis, finden Sie in Kapitel 4.

Was passiert bei Nichtzahlung?

Liegt am Tag des Verteilungstermins kein Einzahlungsnachweis vor, kommen erhebliche Unnanehmlichkeiten auf Sie zu: Der Rechtspfleger macht Sie zum neuen Schuldner der Banken, die aus dem Versteigerungserlös etwas erhalten hätten. Die Gläubiger können dann unter erleichterten Bedingungen die Wiederversteigerung gegen Sie betreiben.

Diesen Vorgang haben wir in Kapitel 4 ausführlich dargestellt.

Wie kommen Sie als Ersteher ins Grundbuch?

Ist der Zuschlag rechtskräftig, das Verteilungsverfahren abgeschlossen und haben Sie als Ersteher die Grunderwerbsteuer gezahlt, dann ersucht das Gericht das Grundbuchamt um Grundbuchberichtigung, nämlich:

> Eintragung des Erstehers als neuen Eigentümer,

> Löschung des Zwangsversteigerungsvermerks,

> Löschung aller Rechte, die Sie nach den Versteigerungsbedingungen nicht übernommen haben.

Nach Erhalt der entsprechenden Eintragungsnachricht des Grundbuchamtes ist das Verfahren nicht nur für das Versteigerungsgericht, sondern auch für Sie abgeschlossen.

Auf den folgenden Seiten fassen wir das Verfahren noch einmal übersichtlich zusammen.

Übersicht: der Ablauf des Versteigerungsverfahrens

▸ ***Versteigerungsantrag eines Gläubigers***
    > Vollstreckungsvoraussetzungen

▸ ***Anordnungsbeschluss***
    > Versteigerungsvermerk im Grundbuch
    > Beschlagnahme
    > Beitritt

▸ ***Einstweilige Einstellung***
    > auf Antrag des sanierungsfähigen Schuldners
    > auf Gläubigerbewilligung (max. 2x)
    > Fortsetzung auf Gläubigerantrag

▸ ***Verkehrswertfestsetzungverfahren***
    > Gutachtenauftrag an Sachverständigen
    > Vorlage des Gutachtens
    > Anhörung der Beteiligten
    > Verkehrswertfestsetzungsbeschluss

▸ ***Versteigerungsterminbestimmung***
    > Zustellung an Beteiligte
    > Veröffentlichung im amtlichen Bekanntmachungsblatt
    > Aushang an Gerichtstafel
    > Inserat in Tageszeitungen
    > Publikation im Internet

▸ ***Versteigerungstermin***
    > *Bekanntmachungsteil*
        > Versteigerungsbedingungen
        > geringstes Gebot
        > bestehen bleibende Rechte
        > zu zahlender Teil

  - *Bietzeit*
    - Gebote
    - Vollmacht
    - Sicherheitsleistung
  - *Verhandlung über den Zuschlag und Entscheidung*
    - Verkündungstermin oder Sachentscheidung
    - Zuschlagsversagung
      (5/10-Grenze, 7/10-Grenze, Einstellungsbewilligung des bestbetreibenden Gläubigers nach Schluss der Versteigerung)

- ***Zuschlagserteilung***
  - Eigentumsübergang
  - Kündigung von Mietern/Pächtern
  - Räumung des Schuldner-Eigentümers

- ***Verteilungsverfahren***
  - Terminbestimmung Verteilungstermin
  - Teilungsplan
  - Erlöszahlung
  - Nichtzahlung: Forderungsübertragung, Wiederversteigerung

- ***Grundbuchberichtigung***

Kapitel 3
Strategien für den Bieterfolg – Wie Sie sich am besten vorbereiten

Alle Möglichkeiten der Informationsbeschaffung

Was Sie als Erstes tun müssen:

- Entwickeln Sie klare Vorstellungen von Ihrer gesuchten Immobilie (Objektart und -größe, Lage, Ausstattung).

- Schätzen Sie Ihre finanziellen Möglichkeiten realistisch ein.

- Wappnen Sie sich mit Geduld und legen Sie sich nicht zu speziell fest: Es wäre purer Zufall, wenn Ihr Traumobjekt bereits an der Gerichtstafel zur Versteigerung aushienge!

- Erwarten Sie nicht das „Superschnäppchen“: Das topgepflegte Einfamilienhaus auf riesigem Gartengrundstück für 50 % des Verkehrswertes gibt es nur im Märchen!

- Entwickeln Sie vielmehr realistische Preisvorstellungen: Ein Zuschlag zu 80 % des Verkehrswertes ist Schnäppchen genug, wenn Sie überlegen, dass Sie dadurch 1/5 des Objektwertes nicht finanzieren müssen und zum empfohlenen Eigenkapitalanteil von 20 % des Verkehrswertes noch der Preisrabatt in gleicher Höhe hinzukommt. Das Ergebnis: Sie werden Eigentümer einer Immobilie, die Sie nur zu 60 % ihres Wertes und damit zu den besten Zinskonditionen beleihen müssen. Mit dieser „Traumfinanzierung“ werden Sie jede Hochzinsphase problemlos überstehen.

Wenn Sie Ihre Wünsche in der Versteigerung erfolgreich in die Tat umsetzen wollen, dürfen Sie allerdings nichts dem Zufall überlassen. Wir sagen Ihnen, wie Sie vorgehen müssen.

Im Mittelpunkt Ihrer Vorbereitung steht die gründliche und umfassende Information über das ausgewählte Objekt. Bemühen Sie sich, immer besser Bescheid zu wissen als Ihre Bietkonkurrenten. Denn nur wer die Vorteile, aber auch die Schwachpunkte des Versteigerungsobjekts kennt, wird sich das richtige Gebotslimit setzen und in der Versteigerung tatsächlich sein Schnäppchen machen.

Sicherlich kostet die erfolgreiche Teilnahme an einer Versteigerung mehr Zeit als der Immobilienkauf auf dem freien Markt. Dafür entschädigen Sie jedoch der günstigere Preis und geringere Anschaffungsnebenkosten (mehr dazu weiter hinten in diesem Kapitel).

Wie Sie Versteigerungsobjekte finden

Folgende „Medien“ bieten sich generell an, um Informationen über Versteigerungstermine zu erhalten:

1. Gerichtstafel,
2. Amtsblatt des Gerichts,
3. Lokalpresse,
4. Internet,
5. Versteigerungskataloge,
6. Immobilienmakler.

Dazu folgende Praxis-Tipps im Einzelnen:

1. Praxis-Tipp: Gerichtstafel

Wenn Sie sich an der Gerichtstafel des Amtsgerichts klug machen möchten, genügt es wegen der vom Gericht einzuhaltenden Fristen, wenn Sie einmal im Monat die Aushänge studieren. Auf diese Weise verpassen Sie keinen lukrativen Termin.

2. Praxis-Tipp: Amtsblatt des Gerichts

Eine bequeme und kostengünstige Alternative ist der regelmäßige Bezug des Regierungsamtsblatts. Das Gericht muss jede Versteigerung im Normalfall spätestens sechs Wochen vor dem Termin im Amtsblatt bekannt geben. Das wöchentlich erscheinende Amtsblatt enthält die Terminbestimmungen aller Amtsgerichte im jeweiligen Regierungsbezirk.

Allerdings ist das Objekt gelegentlich nur so beschrieben, wie es im Grundbuch verzeichnet ist. Ihren Ansprüchen als Bietinteressent genügt dies aber meist nicht, da die tatsächliche Bebauung eines Grundstücks oder die Größe und Raumaufteilung einer Eigentumswohnung sich nicht immer aus der Veröffentlichung erkennen lassen. Die meisten Gerichte arbeiten inzwischen serviceorientiert und haben dies bereits verbessert!

3. Praxis-Tipp: Lokalpresse

Bei den Veröffentlichungen in der Lokalpresse präsentieren die Amtsgerichte die Versteigerungsobjekte zumeist marktgerecht. Die Anzeigen ähneln denen der Makler und enthalten Angaben über die Größe der Wohnfläche, Anzahl der Räume, Raumaufteilung und Baujahr. Sie sollten sich bei der Zwangsversteigerungsgeschäftsstelle Ihres Amtsgerichts erkundigen, in welcher Tageszeitung, an welchem Wochentag und unter welcher Rubrik dort die Termine bekannt gegeben werden. So stellen Sie sicher, über alle Termine informiert zu sein.

Sofern in den Inseraten nicht ausdrücklich das Versteigerungsgericht als Auftraggeber genannt ist, kann es sich auch um private Anzeigen des Gläubigers oder (sehr viel seltener) des Schuldners handeln. Für die Beteiligten ist das in ihrem Interesse durchaus legitim; als Interessent können Sie jedoch nicht immer auf die Richtigkeit der Angaben vertrauen.

4. Praxis-Tipp: Internet

Lassen Sie sich bei der Geschäftsstelle des Gerichts die Domain nennen, unter der das Gericht seine Versteigerungstermine ins Internet einstellt. So können Sie zu Hause bequem und kostenlos alle Termine studieren. Der große Vorteil: Fällt ein Versteigerungstermin kurzfristig aus, was durchaus häufiger vorkommt, wird dies im Internet – und sonst nirgendwo – bekannt gemacht. Auf diese Weise ersparen Sie den Anruf bei Gericht am Vortag des Termins. Leider gibt es aber noch keine bundesweit einheitliche Handhabung.

Zwischen Nordsee und Alpen üben die Amtsgerichte eine völlig unterschiedliche Praxis:

von

> flächendeckender und tagesgenauer Veröffentlichung aller Termine im Internet auf einer eigenen Seite der Justiz mit der Möglichkeit kostenlos Gutachten herunter zu laden (Beispiel: Nordrhein-Westfalen, www.zvg.nrw.de)

über

> Terminveröffentlichungen im Gerichtsauftrag auf kommerziellen (werbefinanzierten) Webseiten, zum Teil mit kostenpflichtiger Bestellmöglichkeit für Gutachten-Dateien (Beispiel: Berlin, www.zvg.com)

bis zu

> keinerlei offizieller Nutzung des Mediums Internet (Beispiel: Bayern).

Der Gesetzgeber hat jetzt die Möglichkeit eröffnet einheitliche – zumindest landesweite – Internetportale für Zwangsversteigerungstermine zu schaffen, die sogar die Veröffentlichungen in den Amtsblättern ersetzen sollen. Für die Zukunft kündigt sich also eine größere Internetpräsenz der Versteigerungsgerichte an (www.justiz.de).

Im Internet finden Sie daneben etliche kommerzielle Webseiten, die Zwangsversteigerungstermine mit oder ohne Auftrag der Gerichte publizieren, zum Beispiel www.zwangsversteigerung.de (UNIKA GmbH), www.immozv.de oder www.argetra.de, um nur einige zu nennen. Diese Angebote sind zum Teil kostenpflichtig und in keinem Fall juristisch verbindlich.

5. Praxis-Tipp: Versteigerungskataloge

Eine weitere Methode, sich über Versteigerungstermine zu informieren, sind die von Spezialverlagen herausgegebenen Versteigerungskalender oder -kataloge. Sie sind mehr etwas für Profis, weil sie die Termine ganzer Bundesländer zusammenfassen.

6. Praxis-Tipp: Immobilienmakler

Als Interessent sollten Sie die Erwerbsnebenkosten nicht unnötig durch Provisionsansprüche von Maklern erhöhen. Der Makler kann Ihnen den Zuschlag des Versteigerungsgerichts schließlich nicht verschaffen. Alle Informationen, die Sie benötigen, können Sie entsprechend unserer Anleitung selbst besorgen!

Wie Sie Näheres über ein interessantes Objekt erfahren

Sobald Sie auf Termine aufmerksam geworden sind, in denen für Sie infrage kommende Immobilien versteigert werden, sollten Sie diese Objekte zunächst von außen besichtigen und eine Vorauswahl treffen. Erst dann beginnt Ihre Hauptaufgabe: das Beschaffen von Informationen über das ausgewählte Objekt beim Versteigerungsgericht. Sie können nach dem Gesetz ohne weiteres wesentliche Bestandteile der Gerichtsakte einsehen, und zwar während der Dienststunden auf der für Versteigerungen zuständigen Geschäftsstelle.

Praxis-Tipp: Informieren Sie sich über die dortigen Öffnungszeiten und stimmen Sie die Einsichtnahme telefonisch unter Angabe des Aktenzeichens aus der Veröffentlichung (in unseren Mustern „80 K 300/06") mit dem Geschäftsstellenverwalter ab, da die Akte nicht jederzeit auf der Geschäftsstelle vorliegt. Nur wenige Gerichte halten die Unterlagen ständig für Sie bereit.

Einsicht nehmen dürfen Sie insbesondere in

- den Grundbuchauszug,
- das Verzeichnis der im Grundbuch eingetragenen Berechtigten und Gläubiger,
- das gerichtliche Verkehrswertgutachten,
- die Anmeldungen sämtlicher Beteiligter und Gläubiger zum Versteigerungstermin, auch die Anordnungs- und Beitrittsbeschlüsse.

Konzentrieren Sie sich auf die für Sie wesentlichen Informationen aus der Akte und halten Sie die Ergebnisse – zum Beispiel mit dem Arbeitsbogen am Ende des Kapitels – schriftlich fest.

Bei den Grundschulden und Hypotheken müssen Sie Ihre Aufmerksamkeit allein auf die Gläubigerbanken richten, die mit ihren Forderungen innerhalb des Verkehrswertes liegen.

Praxis-Tipp: Alle im Grundbuchauszug unterstrichenen Eintragungen sind nicht etwa besonders wichtig, im Gegenteil: Sie gelten nicht mehr! Zum Beispiel ist der vorherige Eigentümer ebenso wie eine gelöschte Grundschuld durch Unterstreichungen gekennzeichnet.

Ermitteln Sie den Machthaber!

Bevor Sie den Grundbuchauszug auswerten, sollten Sie sich auf der Geschäftsstelle (notfalls beim Rechtspfleger selbst) nach dem bestbetreibenden Gläubiger erkundigen. Notieren Sie dessen Postanschrift, den dort zuständigen Sachbearbeiter und seine Telefonnummer.

Denn: Nach dem bestbetreibenden Gläubiger richtet sich

> die Frage, ob Sie Rechte übernehmen müssen (nämlich alle, die ihm im Rang vorgehen, dazu ausführlich noch in diesem Kapitel)

> die Zuschlagsentscheidung, da er durch eine Einstellungsbewilligung den Zuschlag an Sie, unabhängig von der Höhe Ihres Gebots, verhindern kann.

Er hat also die überragende Machtposition im Verfahren. Im Endeffekt wird Ihnen der Zuschlag nur zu einem Gebot erteilt, das den Vorstellungen des bestbetreibenden Gläubigers entspricht.

Nehmen Sie deshalb unbedingt bereits vor dem Versteigerungstermin mit dem betreibenden Hauptgläubiger des Verfahrens Kontakt auf.

Anordnungs- oder Beitrittsbeschluss sowie die Forderungsanmeldung sagen nichts über die Höhe der wirklichen Schuld aus. Meist ist der Grundschuldrahmen, den die Banken zunächst einmal voll ausnutzen, viel höher als die restliche Darlehensforderung. Weil der Gläubiger fast immer mit einem Teilausfall seiner Forderung in der Versteigerung rechnen muss, sollten Sie im Gespräch herauszufinden versuchen, wie hoch die tatsächliche Darlehensforderung noch ist und welches Gebot der Gläubiger im Versteigerungstermin erwartet. Denn der vom Ausfall bedrohte Gläubiger ist häufig auch Ihr stärkster Bietkonkurrent. Wenn Sie seine „Schmerzgrenze" kennen, können Sie richtig agieren.

Praxis-Tipp: Sie sollten sich nicht durch eine hohe Vorgabe des Gläubigers von der Teilnahme am Termin oder der Abgabe von Geboten abhalten lassen. Nicht selten muss der Gläubiger überhöhte Erwartungen korrigieren. Behalten Sie die Nerven, pokern Sie mit! Außer eventuell für die vergeblich bereitgehaltene Sicherheitsleistung entstehen Ihnen keine Kosten, falls Sie nicht zum Zuge kommen.

Lohnt sich eine Ausbietungsgarantie?

Wenn sich Ihre Vorstellungen und die des bestbetreibenden Gläubigers decken, wird die Bank vielleicht versuchen, Sie mit einem Ausbietungsgarantievertrag „anzubinden".

In diesem Vertrag verpflichten Sie sich als Bietinteressent (Garant) gegenüber der Gläubigerbank (Garantienehmer), im Versteigerungstermin ein Gebot in der vereinbarten Mindesthöhe abzugeben. Der Vertrag muss vor dem Notar beurkundet werden, wenn er wirksam sein soll.

Wenn Sie als Garant dann Ihre Verpflichtungen aus dem Vertrag nicht oder nur unzureichend erfüllen, müssen Sie dem Garantienehmer Schadenersatz zahlen. Die Gegenleistung des Garantienehmers kann darin bestehen, dass er Ihnen bei der Finanzierung des Meistgebots Sonderkonditionen einräumt oder auf Sicherheitsleistung verzichtet. Gleichzeitig verpflichtet er sich, den Zuschlag an Sie nicht zu verhindern.

Praxis-Tipp: Die Ausbietungsgarantie garantiert nicht den Zuschlag an Sie, denn Ihr Garantiegebot kann jederzeit von einem Konkurrenten überboten werden! Da der Garantievertrag nur die Position des Gläubigers sichert, sollten Sie eine solche Bindung nur eingehen, wenn sich die Bank zu wirtschaftlichen Gegenleistungen, zum Beispiel in Form von Sonderkonditionen bei der Finanzierung des Meistgebots verpflichtet. Die entstehenden Notarkosten sollten Sie auf keinen Fall übernehmen.

Erschließen Sie weitere Informationsquellen

Verschaffen Sie sich durch Einsicht in die Gerichtsakte oder durch Nachfrage bei Geschäftsstellenverwalter und Rechtspfleger weitere Informationen. Sie benötigen die Namen und Anschriften aller weiteren „Hauptdarsteller“:

> Schuldner,

> Mieter oder Pächter,

> etwaiger Zwangsverwalter,

> WEG-Verwalter, wenn Sie sich für eine Eigentumswohnung interessieren.

Was der WEG-Verwalter weiß

Wenn Sie eine Eigentumswohnung ersteigern wollen, sollten Sie beim Verwalter der Wohnungseigentümergemeinschaft Auskünfte über das Gesamtobjekt einholen. Der WEG-Verwalter wird Ihnen vielleicht Einsicht in die Protokolle der Wohnungseigentümerversammlungen und den geltenden Wirtschaftsplan gewähren sowie Auskunft über das monatlich zu zahlende Wohngeld und über möglicherweise bestehende Wohngeldrückstände des Schuldners geben.

Die Höhe des Wohngeldes müssen Sie unbedingt in Erfahrung bringen, weil der Verwalter Sie bereits ab Zuschlag in die Pflicht nimmt. Außerdem müssen Sie Ihre späteren monatlichen Objektausgaben kalkulieren. Je nach Ausstattung des Objekts (Aufzug, Schwimmbad, Sauna) kann das Wohngeld schnell zu einer kleinen Miete werden.

Als Ersteher einer Eigentumswohnung treffen Sie aber nicht nur die laufenden Wohngeldzahlungen, sondern auch eine so genannte „Abrechnungsspitze", das ist die Restforderung, die sich aus der Differenz zwischen den tatsächlichen Ausgaben und den nach Wirtschaftsplan zu leistenden Wohngeldvorauszahlungen ergibt.

Für die vom Schuldner nicht gezahlten Wohngeldvorschüsse haften Sie aber nach der jetzt geltenden Rechtsprechung in keinem Fall! Lesen Sie dazu auch Kapitel 5, das ein Berechnungsbeispiel enthält.

Praxis-Tipp: Sie müssen sich unbedingt beim WEG-Verwalter über den geltenden Wirtschaftsplan und das monatlich zu zahlende Wohngeld erkundigen.

Fragen Sie den WEG-Verwalter auch, ob für die Zukunft kostenträchtige Reparaturvorhaben am Gemeinschaftseigentum anstehen, die durch eine Sonderumlage finanziert werden sollen.

Ein entgegenkommender WEG-Verwalter wird Ihnen auf Nachfrage vielleicht auch Einsicht in die Teilungserklärung geben.

Die Teilungserklärung dient als Grundlage der Aufteilung des Hauses in Wohnungs- und Teileigentumseinheiten. Sie enthält unter anderem die verbindliche Gemeinschaftsordnung mit dem Kostenverteilungsschlüssel, mögliche Sondernutzungsregelungen zugunsten einzelner Eigentümer (zum Beispiel das Recht zur alleinigen Nutzung eines KFZ-Einstellplatzes oder des Gartens) und als Anlage den Aufteilungsplan, aus dem sich Lage und Zuschnitt aller Wohnungen ergeben.

Falls Sie beim WEG-Verwalter keinen Erfolg hatten, wenden Sie sich an das Grundbuchamt beim Amtsgericht. Dazu müssen Sie die Grundbuchblattnummer des Versteigerungsobjekts wissen (in unseren Mustern: „Unterbilk Blatt 1234").

Verweigert man Ihnen die Einsicht in die Teilungserklärung, weisen Sie darauf hin, dass Sie ein „berechtigtes Interesse" haben: Durch die Bestimmung des Versteigerungstermins wird die Sache öffentlich.

Andernfalls können Sie die Teilungserklärung erst im Versteigerungstermin beim Rechtspfleger einsehen. Dann aber wird die Zeit knapp: 30 Minuten Bietzeit sind schnell vorüber! Konzentrieren Sie sich lieber auf das Bieten.

Gibt es Besichtigungstermine?

Im Anschluss an den Besuch bei Gericht dürfen Sie nichts unversucht lassen, das Objekt auch von innen zu besichtigen. Leider haben Sie als Interessent keinen Rechtsanspruch darauf! Das Versteigerungsgericht kann daher eine Innenbesichtigung nicht vermitteln. Wenn der Schuldner das Objekt selber nutzt oder vermietet hat, entscheiden allein Ihr Auftreten und Ihre Cleverness darüber, ob er oder sein Mieter Sie in die Wohnung oder das Haus lässt.

Im Notfall gelingt es Ihnen vielleicht mit diplomatischem Geschick, eine vergleichbar geschnittene und ausgestattete Nachbarwohnung zu besichtigen. Bewaffnen Sie sich doch mit Charme und Blumenstrauß! Bei leer stehenden Objekten sind die Chancen in jedem Fall besser:

Den Schlüssel bekommen Sie in solchen Fällen beim Zwangsverwalter, dem Hausmeister und nicht selten beim betreibenden Gläubiger. Aber auch dabei gilt: Ihr Geschick allein entscheidet, denn Sie können nichts verlangen.

Praxis-Tipp: Wenn es Ihnen nicht gelingt, das Objekt von innen zu besichtigen, und auch der Gutachter nicht eingelassen wurde, sollten Sie, um böse Überraschungen zu vermeiden, einen Sicherheitsabschlag in Ihr Gebotslimit einkalkulieren.

Denken Sie immer daran: In der Zwangsversteigerung besteht kein Anspruch auf Gewährleistung! Wenn Sie nach dem Zuschlag verdeckte Schäden oder Mängel feststellen, gibt es weder einen Rücktritt vom Gebot noch eine Minderung des Steigpreises!

Damit Sie an alles denken, haben wir für Sie die Informationsquellen nochmals zusammengefasst:

Welche Informationsquellen Sie anzapfen können:

- Versteigerungsobjekte finden
  - Gerichtstafel
  - Amtsblatt
  - Lokalpresse
  - Internet
  - Außenbesichtigung
- Versteigerungsgericht
  - Einsicht Gerichtsakte
  - bestbetreibende Gläubigerbank
  - Auswertung Grundbuchauszug
  - Schuldner (Eigennutzung?)
  - Mieter/Pächter (Kaution?)
  - WEG-Verwalter (Wohngeld, Teilungserklärung)
  - Zwangsverwalter (Mietrückstände?)

> Auswertung Verkehrswertgutachten

- Gläubigerkontakt
- Kontakte mit anderen Hauptdarstellern
- Innenbesichtigung (Hausmeister, Nachbarn!)

Ihre Auswertung der Gerichtsakte könnten Sie mit folgendem Arbeitsbogen festhalten:

Erkenntnisse aus der Gerichtsakte

1. Allgemeine Daten:

Objekt:______________________________________

Amtsgericht: _________________________________

Aktenzeichen: ____K______/__

Rechtspfleger:________________________________

Versteigerungstermin:

Datum: ___________ Uhrzeit:______ Saal: __________

Verkehrswert:_________ EUR 5/10-Grenze: _________ EUR

7/10-Grenze: _________ EUR

2. Bestbetreibender Gläubiger:

____

Geschäftszeichen: _____________

Sachbearbeiter:_______________ Telefon: __________

3. Grundbuchauszug

	Betrag	Gläubiger	angemeldete Gesamtforderung
Abt. III Nr. __:	_______ EUR	______________________	______________ EUR
Abt. III Nr. __:	_______ EUR	______________________	______________ EUR
Abt. III Nr. __:	_______ EUR	______________________	______________ EUR

Rangvermerke/Rangänderungen?____________________

4. Zusätzliche Informationsquellen:

Schuldner: ______________________________________

Zwangsverwalter: ________________________________

WEG-Verwalter: _________________________________

Mieter: ____

Wie Sie das Gutachten auswerten

Das Verkehrswertgutachten stellt für Sie die wichtigste Informationsquelle dar, denn der Sachverständige ermittelt in seinem Gutachten nicht nur den Verkehrswert, der für die Immobilie auf dem freien Markt tatsächlich erzielbar wäre. Er beschreibt das Objekt auch in allen Einzelheiten und liefert Ihnen wichtige Fakten wie Wohnfläche, Raumaufteilung oder Ausstattung.

Wie Sie an das Gutachten kommen – Der günstigste Weg

Im Idealfall finden Sie das Wertgutachten bereits zum bequemen Download auf der Internetseite der Versteigerungsgerichte. Möglicherweise aber gibt es nur eine kostenpflichtige Version oder ein knappes Exposé. Schlimmstenfalls nutzt das betreffende Gericht das Medium Internet noch gar nicht in dieser Weise. In solchen Fällen bleibt nur der althergebrachte Weg: Sie müssen das Gutachten beim zuständigen Amtsgericht einsehen, und zwar auf der Geschäftsstelle für Zwangsversteigerungen. Bevor Sie sich aber auf den Weg machen, sollten Sie telefonisch mit dem Sachbearbeiter Kontakt aufnehmen und sich über Öffnungszeiten und örtliche Gepflogenheiten informieren. Einige, insbesondere größere Gerichte halten ständig alle Gutachten für Sie zur Einsicht bereit. Bei kleineren Gerichten kann es Ihnen passieren, dass Sie die Einsicht immer vorher telefonisch abstimmen müssen. Denn das Gutachten ist Bestandteil der Gerichtsakte, die gerade vor dem Versteigerungstermin ständig zwischen Rechtspfleger, Geschäftsstelle und Schreibkanzlei hin und her wandert.

Tipp

Praxis-Tipp: Halten Sie auf jeden Fall immer das Aktenzeichen (in unseren Mustern „80 K 300/06") parat, denn die Geschäftsstelle ordnet die Verfahren ausschließlich danach, nicht etwa nach der Lagebezeichnung des Objekts.

Bequemer für Sie ist es, sich das Gutachten von der betreibenden Gläubigerin zu beschaffen. Welche Bank das Verfahren in Gang gesetzt hat, erfahren Sie auf der Geschäftsstelle. Lassen Sie sich dort die Telefonnummer, das Zeichen der Bank und den Sachbearbeiter nennen. Der Bankenvertreter, mit dem Sie ohnehin Kontakt aufnehmen sollten, wird aus eigenem Interesse gern bereit sein, Ihnen eine Kopie des Gutachtens zu übersenden. Schwierigkeiten werden Sie allenfalls dann bekommen, wenn Behörden oder Privatpersonen (zum Beispiel in Teilungsversteigerungen) das Verfahren betreiben. Dann bleibt Ihnen aber immer noch die Möglichkeit, das Gutachten auf der Geschäftsstelle einzusehen oder dort eine Kopie zu beantragen, die von den meisten Gerichten gegen Auslagenerstattung (0,50 EUR pro Seite) auch angefertigt wird.

Der richtige Verkehrswert:
3 verschiedene Gutachter – 3 unterschiedliche Werte!

Der vom Gutachter ermittelte Verkehrswert spielt für Sie eine zentrale Rolle. Er ist die Basis für Ihr Gebotslimit, das Sie sich setzen. Sie messen Ihren persönlichen Bieterfolg im Versteigerungstermin am festgesetzten Verkehrswert, wenn es Ihnen gelingt, das Objekt „30 % unter Wert" zu ersteigern.

Aber wer garantiert Ihnen, dass der Schätzwert, den der Rechtspfleger als Verkehrswert festsetzt, auch der richtige ist? Unsere Praxis hat gezeigt: Verschiedene Gutachter ermitteln selten auch nur annähernd gleiche Werte. Außerdem wird der Sachverständige mit einem zu hoch ermittelten Wert weder bei der Gläubigerbank noch bei dem Schuldner auf Kritik stoßen. Bei einem zu niedrig ermittelten Wert hingegen wird es von allen Seiten Widersprüche hageln. Liegt es da nicht nahe, sich als Sachverständiger das Leben leicht zu machen?

Wir wollen die Schätzwerte der gerichtlich bestellten Gutachter – schließlich öffentlich bestellte und vereidigte Sachverständige – nicht schlecht reden, sondern Sie als Bietinteressenten lediglich auffordern, das Schätzergebnis immer kritisch unter die Lupe zu nehmen.

Vorsicht ist insbesondere dann geboten, wenn das Gericht das Beleihungsgutachten einer Bank für die Verkehrswertfestsetzung herangezogen hat. Achten Sie unbedingt auch auf das Alter des Gutachtens, das Sie anhand des Bewertungsstichtags ermitteln können. Stellen Sie fest, ob der Sachverständige das Objekt auch von innen besichtigt hat oder sein Gutachten nur anhand der Bauakten fertigen musste. Denn weder Schuldner noch Mieter sind verpflichtet, dem Gutachter Zutritt zu verschaffen. Mangels konkreter Anhaltspunkte muss er dann von einem normalen Pflegezustand ausgehen. Sie können nur mit einem Sicherheitsabschlag auf Ihr Gebotslimit reagieren.

Welche für Sie wichtigen Daten Sie aus dem Gutachten zusammenstellen müssen, können Sie der folgenden Arbeitshilfe entnehmen.

Gutachtenauswertung

Objekt: ....

Allgemeines

Objektlage: ....

Bewertungsstichtag: ....

Gutachter .... Auftraggeber: Gericht/Gläubiger

Innenbesichtigung ja / nein

Objektdaten

Grundstücksgröße .... Baujahr.......................

Geschosszahl .... umbauter Raum..................m^3

Wohnfläche ....m^2, davon Balkon/Terrasse ....m^2

Nutzfläche ....m^2 Kellerraum ....

Garage/Stellplatz ....

tatsächliche Miete .... EUR/m^2

nachhaltig erzielbare Miete .... EUR/m^2

Anzahl der Wohneinheiten insgesamt (bei ETW) ....

WEG-Verwalter (bei ETW) ....

Aufbauten

Raumaufteilung ....

Wohnflächenberechnung der Einzelräume ....

Ausstattung Heizung ....

Warmwasserversorgung ....

Sanitär ....

Fenster/Türen ....

Pflege des Objekts: gut / mittel / schlecht

Wertbeeinflussende Schäden ....

Besonderheiten (Wohnungsbindung, Altlasten, Baulasten etc.)

....

....

Werte

Bodenwert ....EUR

Sachwert ....EUR

Ertragswert ....EUR

Zu- oder Abschläge (Marktanpassung) ....EUR

Verkehrswert (nach ______________wert) ....EUR

Kontrolle: Gutachten = Beschluss? ja / nein

Die Bewertungsmethoden – Wie der Gutachter den Wert ermittelt

In einem Gutachten über ein bebautes Grundstück errechnet der Sachverständige zunächst den Bodenwert als Wert des Grundstücks. Dabei greift er auf den so genannten Bodenrichtwert zurück, den die Gemeinden aus Kaufpreissammlungen pro m^2 ermitteln und in einer Karte veröffentlichen. Aus Gründen der Vergleichbarkeit ist das Bodenrichtwertgrundstück standardisiert. Weicht das Bewertungsgrundstück von seiner Form oder seiner Ausnutzung (Verhältnis von Grund- und Wohnfläche des Gebäudes zur Grundstücksgröße) von diesem Standard ab, muss der Gutachter den Bodenwert entsprechend erhöhen oder auch ermäßigen. Auch bei Eigentumswohnungen errechnet er so den Bodenwert, bringt aber nur den auf die Wohnung entfallenden Miteigentumsanteil laut Grundbuch (in unseren Mustern: 765/10.000) in Ansatz.

Sodann ermittelt er auf Grund genau geregelter Bewertungsmethoden drei verschiedene Werte:

1. den Vergleichswert

Wie beim Bodenwert errechnet der Sachverständige den Vergleichswert pro m^2 Wohnfläche anhand eines Vergleichspreises, den er Kaufpreissammlungen entnimmt. Gutachterausschüsse von Städten und Gemeinden verfahren fast ausschließlich nach dieser Methode.

2. den Sachwert

Er setzt sich aus den Herstellungskosten für das Gebäude (pro m^3 umbauter Raum), dem Wert der Außenanlagen und den pauschalierten Baunebenkosten zusammen und berücksichtigt die Wertminderung durch Alterung. Der so ermittelte so genannte Bauwert zuzüglich des Bodenwertes ergibt den Sachwert des Objekts.

3. den Ertragswert

Hier errechnet der Gutachter den Jahresreinertrag bezogen auf das Gebäude (Miete abzüglich Bewirtschaftungskosten und Zinsen für das Grundstück), rechnet diesen Wert auf die Restnutzungsdauer hoch und addiert ebenfalls den Bodenwert.

Die umstrittenste Bewertungsmethode ist die Vergleichswertermittlung, denn jeder Vergleich hinkt – und das gilt besonders für bebaute Grundstücke und Eigentumswohnungen. Unterschiedliche Bewertungskriterien wie Lage, Baujahr, Ausstattung oder Grundrisslösung schließen eine Vergleichbarkeit in der Regel aus. Nur bei unbebauten Grundstücken bietet der Vergleichswert eine zuverlässige Bewertungsgrundlage.

Tipp

Praxis-Tipp: Basiert der Verkehrswert eines bebauten Grundstücks ausschließlich auf einem ermittelten Vergleichswert, dann ist Vorsicht geboten. Prüfen Sie selbst die Vergleichbarkeit der herangezogenen Objekte. Achten Sie insbesondere auf die Objektlagen, aber auch darauf, wann der Kaufpreis für das Vergleichsobjekt gezahlt wurde, denn auch die Marktsituation muss vergleichbar sein.

Für Sie zuverlässiger erscheinen uns daher die ermittelten Sach- und Ertragswerte, die sich in ihrer Aussage deutlich voneinander unterscheiden: der Sachwert spiegelt den Substanzwert der Immobilie wider, der Ertragswert allein deren Rentabilität.

Verkehrswert = Sachwert oder Ertragswert?

Der Sachverständige muss sich für einen der beiden Werte, die deutlich voneinander abweichen können, entscheiden. Dafür gelten folgende Regeln:

> Bei Objekten, die der Eigentümer üblicherweise selbst nutzt, bildet der Sachwert die Grundlage für den Verkehrswert.

Beispiele: frei stehendes Einfamilienhaus, Reihenhaus, großzügige Eigentumswohnung.

> Bei Objekten, die marktüblich der Kapitalanlage dienen, ist der Ertragswert für den Verkehrswert heranzuziehen.

Beispiele: Mehrfamilienhaus, Wohn- und Geschäftshaus, Gewerbeimmobilien, Apartment in einem Studentenwohnheim.

Unabhängig von der Objektart, ermittelt der Sachverständige grundsätzlich zu Kontrollzwecken immer beide Werte. Er kann in Grenzfällen (zum Beispiel 3-Familienhaus, 40 m² große 2-Zimmerwohnung) auch beide Werte in den Verkehrswert einfließen lassen (zum Beispiel Verkehrswert = 75 % Sachwert und 25 % Ertragswert).

Die immer noch in Bankgutachten angewandte Mittelwertmethode (Verkehrswert = 50 % Sachwert und 50 % Ertragswert) führt aber grundsätzlich nicht zum richtigen Verkehrswert!

Die anschließende Checkliste wird Ihnen helfen das Gutachten eingehend zu prüfen.

Checkliste Verkehrswert

1. Allgemeines
   > Alter des Gutachtens?
   > Innenbesichtigung durchgeführt?
   > Mängel ausgewiesen?
   > Wer sind der Gutachter und sein Auftraggeber? (Gericht, Gläubiger)

2. Sachwert
   > Herstellungskosten für m³ umbauten Raums angemessen?

	> Zuschlag für Baunebenkosten adäquat? (ca. 20 %) > Abschlag für Alterswertminderung realistisch? > Bodenwert pro m² entsprechend Bodenrichtwert?
3. Ertragswert	> Nachhaltig erzielbare Miete pro m² realistisch? (Mietrichtwerttabelle) > Weicht die tatsächlich erzielte Miete davon ab? (Abschlag) > Bewirtschaftungskosten in richtiger Höhe abgezogen? (ca. 15 – 20 %)
4. Vergleichswert	> Als Anhaltspunkt ausgewiesen? > Verglcichbarkeit der ausgewiesenen Objekte gegeben? > Für Verkehrswert brauchbar?
5. Verkehrswert	> Richtige Bewertungsmethode herangezogen? - 1- und 2-Familienhaus, ETW: Sachwert - Mehrfamilienhaus: Ertragswert - unbebaute Grundstücke: Vergleichswert > Mängelabschläge aufgenommen? > Marktanpassungszu- oder -abschlag in Ansatz gebracht? > Verkehrswert marktgerecht?

6. Besonderheiten	> Wohnungsbindung?
	> Baulasten?
	> Altlasten?
	> Sondernutzungsrechte?

Wenn Sie Ihr Versteigerungsobjekt selbst nutzen wollen, müssen Sie den Sachwert kritisch unter die Lupe nehmen.

Praxis-Tipp: Vergleichen Sie die Gutachten der von Ihnen ausgesuchten Sachwertobjekte. Achten Sie insbesondere auf die Einzelansätze „Herstellungskosten pro m³", „Baunebenkosten" und „Abschlag für Alterswertminderung". Sie werden schnell ein Gefühl für die richtigen Ansätze bekommen.

Bei Ertragswertobjekten spielt naturgemäß die angesetzte Miete die wichtigste Rolle. Hier darf der Sachverständige nicht die derzeitige Mieteinnahme kommentarlos in sein Gutachten übernehmen. Er muss sich fragen, ob die gezahlte Miete auch in Zukunft nachhaltig erzielbar ist. Unterschreiten die tatsächlichen Mieteinnahmen die marktübliche Miete, muss er einen Abschlag vornehmen.

Besonderheiten – Worauf Sie noch achten müssen

Aber auch mit Besonderheiten des Bewertungsobjekts müssen Sie sich auseinandersetzen. Das Gutachten sollte in Zweifelsfällen immer Angaben zu einer möglichen Wohnungsbindung durch Finanzierung mit öffentlichen Mitteln enthalten. Sie können dann nämlich bis zum Ablauf der Bindungsfrist nur die Kostenmiete verlangen.

Oder es ergeben sich aus dem Baulastenverzeichnis Verpflichtungen aus öffentlichem Baurecht (in Großstädten häufig: notwendige Kfz-Stellplätze, die Sie zur Verfügung stellen müssen).

Auch das Altlastenkataster muss der Sachverständige eingesehen haben, wenn er eine Bodenverunreinigung nicht ausschließen kann.

Achten Sie bei einer Eigentumswohnung darauf, ob sich das Gutachten über Sondernutzungsrechte verhält und der Sachverständige die Teilungserklärung daraufhin überprüft hat: Zur Wohnung könnte ein Stellplatz in der Tiefgarage oder das alleinige Sondernutzungsrecht am Garten gehören.

Tipp

Praxis-Tipp: Auch Fragen zu Besonderheiten des Bewertungsobjekts wird der Rechtspfleger Ihnen beantworten. In Einzelfällen kann es sinnvoll sein, selbst mit den jeweiligen Behörden Kontakt aufzunehmen. Hier die zuständigen Ansprechpartner:

Behörde	**Zuständigkeiten**
Bauamt	Planunterlagen, Baugenehmigungen
Bauaufsichtsamt	Baulastenverzeichnis
Wohnungsamt	Wohnungsbindung
Untere Wasserbehörde	Altlastenkataster
Grundbuchamt	Teilungserklärung

Verkehrswert und Marktsituation

Da der Verkehrswert auch die allgemeine Angebots- und Nachfragesituation auf dem Immobilienmarkt widerspiegeln soll, muss er einem Vergleich mit den auf dem freien Markt erzielbaren Kaufpreisen standhalten. Der Gutachter kann daher mit Marktanpassungszu- oderabschlägen auf Missverhältnisse reagieren.

Aber bedenken Sie: Die vom Gericht eingesetzten vereidigten Gutachter sind zumeist Bausachverständige und keine Makler. Auf kurzfristige Veränderungen am Immobilienmarkt reagieren sie daher verspätet, Marktanpassungen des ermittelten Wertes durch Zu- oder Abschläge erfolgen selten. Verkehrswerte für stark nachgefragte Objekte in guten Lagen fallen, gemessen an den Versteigerungsergebnissen, daher eher zu niedrig aus. Das Umgekehrte gilt leider für weniger gefragte Objekte in schwächeren Lagen. Unsere Praxis beim Amtsgericht Düsseldorf zeigt, dass die Versteigerungsergebnisse von nach wie vor gesuchten Einfamilienhäusern die festgesetzten Verkehrswerte oft deutlich übersteigen. Für Sie als Bieter kann deshalb, je nach Marktsituation, der Erwerb auch in Höhe des Verkehrswertes noch ein Schnäppchen bedeuten.

Naturgemäß werden aber Ihre individuellen Wertvorstellungen als Bieter unter den ermittelten Verkehrswerten liegen. Einfluss auf den festgesetzten Verkehrswert können Sie nicht nehmen, nur Beteiligten steht ein Rechtsmittel gegen die Festsetzung zu. Sie müssen durch Ihr persönliches Gebotslimit auf den Ihrer Auffassung nach falschen Wert reagieren.

Aber Achtung: Der vom Rechtspfleger festgesetzte Wert kann durchaus vom ermittelten Schätzwert des Gutachters abweichen, etwa wenn die Beteiligten Gegenvorstellungen erhoben haben, denen sich das Gericht angeschlossen hat. Vergleichen Sie daher immer den Wert laut Gutachten mit dem in der Terminbestimmung bekannt gegebenen Verkehrswert.

Müssen Sie Rechte übernehmen?

Als Bietinteressent werden Sie bei Einsicht in den Grundbuchauszug auf der Geschäftsstelle des Versteigerungsgerichts darauf stoßen, dass das Versteigerungsobjekt mit zahlreichen Rechten belastet ist – häufig „bis über den Schornstein".

In der weitaus größten Zahl der Fälle haben Sie jedoch als Ersteher mit diesen Belastungen nichts zu tun: Weil der bestrangige Gläubiger das Verfahren betreibt, erlöschen sie und werden entsprechend ihrer Rangfolge aus dem Versteigerungserlös, den Sie zahlen müssen, bedient, soweit dieser ausreicht.

Allerdings gibt es auch Verfahren, in denen Rechte – hauptsächlich der Abteilung II des Grundbuchs – bestehen bleiben, denn in der Versteigerung gilt der so genannte Deckungs- und Übernahmegrundsatz: Alle Rechte, die dem Anspruch des bestbetreibenden Gläubigers im

Range vorgehen, bleiben bestehen und müssen von Ihnen als Ersteher übernommen werden. Dies wird im jeweiligen Einzelfall vom Rechtspfleger als Teil der Versteigerungsbedingungen im Termin bekannt gegeben.

Sie müssen dann die bestehen bleibenden Rechte bei Abgabe Ihres Gebots wirtschaftlich einkalkulieren, weil Ihr Gebot nur den zu zahlenden Teil darstellt.

z.B.

Dazu folgendes Beispiel:

Verkehrswert	*150.000 EUR*
Ihr persönliches Limit	*140.000 EUR*
bestehen bleibende Grundschuld	*60.000 EUR*
Sie dürfen nur bieten (zu zahlende)	*80.000 EUR*

Bei bestehen bleibenden Grundschulden und Hypotheken ist diese Rechnung verhältnismäßig einfach und übersichtlich.

Was Sie in solchen Fällen nach dem Zuschlag veranlassen müssen, lesen Sie in Kapitel 4.

Problematischer kann es aber werden, wenn Sie Rechte der Abteilung II als bestehen bleibend ins Kalkül ziehen müssen. Diese lauten nicht wie Grundpfandrechte auf Zahlung eines bestimmten Geldbetrages. Ihr genauer Inhalt ergibt sich auch nicht aus dem Grundbuch selbst (dort ist nur ein Schlagwort, zum Beispiel „Grunddienstbarkeit – Geh- und Fahrrecht“ eingetragen), sondern aus der Urkunde, mit der der Eigentümer das Recht bestellt hat. Diese so genannte Bewilligung befindet sich in den Grundakten, die beim Grundbuchamt geführt werden. Spätestens im Versteigerungstermin sollte Ihnen das Versteigerungsgericht die Möglichkeit geben, diese einzusehen, damit Sie sich über die wirtschaftliche Tragweite der zu übernehmenden Belastungen klarwerden können.

Eine Orientierungshilfe für den Belastungswert bestehen bleibender Rechte der Abteilung II gibt Ihnen die Festsetzung des so genannten Zuzahlungsbetrages durch den Rechtspfleger im Versteigerungstermin.

Sollte sich später nämlich herausstellen, dass ein solches Recht zum Zeitpunkt des Zuschlags bereits erloschen war (weil zum Beispiel der Berechtigte eines Wohnrechts vorher verstorben ist), hätten Sie als Ersteher, die Sie ja den Anspruch bei Abgabe Ihres (Bar-)Gebots einkalkuliert haben, einen wirtschaftlichen Vorteil.

Um das zu verhindern, setzt das Gericht im Versteigerungstermin nach Anhörung der Beteiligten gemäß § 51 ZVG einen Zuzahlungsbetrag fest, den der Ersteher in diesem Fall nachzahlen muss. Wortlaut des vom Rechtspfleger verkündeten Beschlusses: „Der Betrag, um den sich der Wert des Versteigerungsobjekts erhöht, falls das Recht Abteilung II Nr. 1 zum Zeitpunkt des Zuschlags nicht besteht, wird gemäß § 51 Abs. 2 ZVG festgesetzt auf 50 EUR."

Dieser Punkt im Terminablauf verunsichert die Bietinteressenten oft unnötigerweise. Die Festsetzung des Zuzahlungsbetrages hat nämlich in der großen Mehrzahl der Fälle nur theoretische Bedeutung.

Als Erwerber müssen Sie sich im Normalfall darauf einrichten, dass die Belastung der Abteilung II im Grundbuch eingetragen bleibt und Sie sie übernehmen müssen. Die Wahrscheinlichkeit, dass ein solches Recht im Zeitpunkt des Zuschlags keinen Bestand mehr hatte und Sie als Ersteher deshalb nachzahlen müssen, ist ziemlich gering. Meist handelt es sich auch um Dienstbarkeiten, die das Grundstück wirtschaftlich nicht nennenswert belasten. Entsprechend niedrig, zum Beispiel 50 oder 100 EUR, fällt der Zuzahlungsbetrag aus.

Allerdings können bestehen bleibende Rechte Ihre Freude als Ersteher an der vielleicht sogar zum „Schnäppchenpreis" erworbenen Immobilie auch gründlich verderben.

Wir stellen Ihnen daher im Folgenden die Typen bestehen bleibender Rechte vor, die in der Praxis häufiger vorkommen.

Vorab aber ein Warnung: Die Ausgestaltung von Rechten der Abteilung II ist sehr facettenreich und kann deshalb hier nur in Grundzügen erläutert werden.

Praxis-Tipp: Informieren Sie sich im Zweifelsfall spätestens im Versteigerungstermin durch Einsicht in die Bewilligung und Fragen an den Rechtspfleger genau über den Inhalt und die wirtschaftliche Tragweite zu übernehmender Belastungen!

Eigentumsvormerkung (früher auch als Auflassungsvormerkung bezeichnet)

Der Berechtigte kann von Ihnen als Ersteher Zustimmung zur Übereignung (Auflassung) an sich verlangen. Einen Anspruch auf eine etwaige Gegenleistung (Kaufpreis) haben Sie nicht.

Praxis-Tipp: Hände weg!

Vorkaufsrecht

Grundsätzlich gibt es dem Berechtigten die Möglichkeit, in einen Kaufvertrag, den der Eigentümer mit einem Dritten abschließt, einzutreten, und zwar genau zu den ausgehandelten Konditionen.

Ist es nur für einen Verkaufsfall bestellt, erlischt es mit Zuschlag. Dieses Vorkaufsrecht darf gar nicht ins geringste Gebot aufgenommen werden.

Besteht das Vorkaufsrecht aber für mehrere oder gar alle Verkaufsfälle, so kann der Berechtigte bei einem späteren Verkauf durch Sie als Ersteher in eben diesen Kaufvertrag eintreten. In diesem Fall ist also nur die freie Verwertbarkeit der durch Zuschlag erworbenen Immobilie geringfügig eingeschränkt.

Praxis-Tipp: In der Vollstreckungszwangsversteigerung ist das bestehen bleibende Vorkaufsrecht nur lästig. Vorsicht ist aber in der Teilungsversteigerung geboten: Dort kann der Berechtigte das Vorkaufsrecht anlässlich des Zuschlags gegen Sie ausüben und damit an Ihre Stelle treten.

Reallast

Der Berechtigte kann wiederkehrende Leistungen vom Eigentümer des Grundstücks verlangen. Das können sein:

- Zahlung eines bestimmten Geldbetrages in Form einer Rente (sog. Rentenreallast, Hauptfall)
- Lieferung von Nahrungsmitteln oder Energie
- Versorgungsleistungen, Pflege (Spezialfall: Altenteil)

In den letzten beiden Fällen ist der Wert der Belastung in Geld umzurechnen.

Zumeist wird die Reallast auf die Lebenszeit einer natürlichen Person bestellt und erlischt dann mit deren Tod.

Die Belastung für Sie als Ersteher berechnet sich dann:
Jahreswert der Leistungen mal statistische Restlebenserwartung des Berechtigten.

Beispiel: monatliche Geldrente von 250 EUR für eine 60 Jahre alte Berechtigte:

250 EUR x 12 x 23,84 (laut Sterbetafel des statistischen Bundesamts) = 71.520 EUR

Wollen Sie für die Immobilie also wirtschaftlich 300.000 EUR aufwenden, dürfen Sie nur 228.480 EUR in bar bieten, wenn Sie die Rentenreallast übernehmen müssen!

Praxis-Tipp: Beachten Sie für Ihre Kalkulation die Tatsache, dass viele Rentenreallasten wertgesichert sind. Der zu zahlende Betrag ist dann an einen Index gebunden und wird angepasst (im Zweifel: erhöht), wenn sich zum Beispiel die Lebenshaltungskosten verändern.

Dienstbarkeiten

Der Eigentümer des belasteten („dienenden") Grundstücks muss einzelne spezielle Nutzungen durch den Berechtigten dulden oder Dinge unterlassen, die er als Eigentümer sonst vornehmen dürfte. Nach dem Berechtigten der Dienstbarkeit unterscheidet man:

Grunddienstbarkeiten: Sie stehen dem jeweiligen Eigentümer eines anderen („herrschenden") Grundstücks zu (Grundbuchtext: „für den jeweiligen Eigentümer des Grundstücks Gemarkung Benrath Flur 7 Flurstück 777").

Beschränkte persönliche Dienstbarkeiten: Sie sind für eine natürliche oder juristische Person bestellt („für Frieda Schmitz, geboren am 13.12.1958" oder „für die Otto Müller Großhandelsgesellschaft mbH, Düsseldorf").

Gerade bei den Dienstbarkeiten ist der Katalog der konkreten Rechte umfangreich und schillernd. Hier nur einige in der Praxis häufig vorkommende Beispiele:

Wegerecht: Der Grad der Beeinträchtigung kann sehr unterschiedlich sein; das reicht von „Fußgänger über schmalen Weg im hinteren Grundstücksteil" bis „Befahren des gesamten Grundstücks mit schwerem landwirtschaftlichen Gerät".

Leitungsrecht: Ver- oder Entsorgungsleitungen dürfen im Grundstück verlegt oder darüber geführt werden.

Wettbewerbsbeschränkung: beispielsweise das Verbot, eine Kneipe zu betreiben; Bierbezugsverpflichtung; Tankstellenrecht.

Wohnungsbesetzungsrecht: Die Stadt hat das Recht, Mieter zu stellen, die der Eigentümer akzeptieren muss.

Emissionsrecht: Das dienende Grundstück verzichtet auf Entschädigung für Beeinträchtigungen, die vom herrschenden Grundstück ausgehen, wie Lärm, Staub, Gerüche etc.

Wohnungsrecht: Spezialfall! Der Berechtigte darf Gebäude oder Teile davon umfassend zu Wohnzwecken nutzen.

Praxis-Tipp: Eine Gegenleistung des Berechtigten („Entgeltlichkeit") kann nicht Inhalt des dinglichen Wohnungsrechts sein. Prüfen Sie daher genau nach, ob daneben ein Mietvertrag besteht, den Sie als Ersteher ebenfalls übernehmen und aufgrund dessen Sie Miete verlangen können.

Im Übrigen gilt: Für Eigennutzer nicht geeignet!

Nießbrauch

Dem Nießbraucher stehen im Regelfall alle Nutzungen des Grundstücks zu, er allein darf also beispielsweise landwirtschaftliche Erzeugnisse oder Miete/Pacht vereinnahmen.

Der Nießbraucher kann die Immobilie vermieten und verpachten. Allerdings muss er im Gegenzug das Objekt instand halten und öffentliche Lasten sowie die Zinsen der Finanzierungsrechte zahlen.

Bis an sein Lebensende kann der Nießbraucher also als „wirtschaftlicher Eigentümer" agieren, der ökonomische Wert der Immobilie ist für den Eigentümer ausgehöhlt.

Praxis-Tipp: Nur Spekulanten, die auf ein baldiges Ableben des Berechtigten setzen, bieten auf Objekte, bei denen ein Nießbrauch bestehen bleibt und übernommen werden muss.

Ihre optimale Terminvorbereitung

Haben Sie sich nach sorgfältiger Recherche zum Erwerb eines konkreten Objekts entschlossen und steht der Versteigerungstermin an, müssen Sie im eigenen Interesse die Finanzierung des Meistgebots einschließlich der Erwerbsnebenkosten sicherstellen. Vergleichen Sie Konditionen, führen Sie mit einem oder mehreren Kreditinstituten ein Darlehensgespräch und klären Sie die Finanzierung des möglichen Gesamtaufwands.

Praxis-Tipp: Brechen Sie das Vorgespräch aber ab, wenn das Kreditinstitut bereits für die Prüfung und Zusage des Darlehens Gebühren verlangt. Sie können schließlich nicht davon ausgehen, dass Sie mit Ihrem Gebot im Termin tatsächlich Meistbietender bleiben.

Diese Erwerbsnebenkosten kommen auf Sie zu

Neben Ihrem Meistgebot müssen Sie als Erwerbsnebenkosten lediglich

> eine Zuschlagsgebühr,
> die Gerichtskosten für Ihre spätere Eintragung im Grundbuch
> und die Grunderwerbsteuer tragen.

Notarkosten ergeben sich allenfalls für die Bestellung Ihrer Finanzierungsrechte, nicht jedoch für den Immobilienerwerb an sich.

Die Gebühr für die Erteilung des Zuschlags richtct sich immer nach Ihrem zu zahlenden Gebot ohne Zinsen zuzüglich des Kapitals oder der Zuzahlungsbeträge der bestehen bleibenden Rechte.

Wert	Zuschlagsgebühr (Wert: Steigpreis)	Umschreibungsgebühr (Wert: Verkehrswert oder höherer Steigpreis)
50.000 EUR	228,00 EUR	132,00 EUR
75.000 EUR	328,00 EUR	177,00 EUR
100.000 EUR	428,00 EUR	207,00 EUR
150.000 EUR	578,00 EUR	282,00 EUR
200.000 EUR	728,00 EUR	357,00 EUR
300.000 EUR	1.028,00 EUR	507,00 EUR
500.000 EUR	1.478,00 EUR	807,00 EUR
750.000 EUR	1.853,00 EUR	1.182,00 EUR

Das Grundbuchamt berechnet die Gebühr für Ihre Eintragung als Eigentümer im Grundbuch grundsätzlich nach dem Verkehrswert, es sei denn, Ihr Meistgebot liegt darüber. Beide Gebühren stellt Ihnen die Gerichtskasse unabhängig vom Verteilungstermin in Rechnung.

Feste Prozentsätze für diese Gebühren können wir Ihnen nicht angeben, da die Gerichtsgebührentabellen degressiv aufgebaut sind. Die Tabelle liefert Ihnen daher einige Beispiele für die Gebührenhöhe als Kalkulationshilfe.

Daneben müssen Sie, wie beim Kauf einer Immobilie, Grunderwerbsteuer in Höhe von 3,5 % an das Finanzamt abführen. Diese berechnet sich nach dem Meistgebot, einschließlich bestehen bleibender Rechte sowie eventueller Zuzahlungen an den betreibenden Gläubiger außerhalb des Verfahrens (vgl. dazu Kapitel 2).

Haben Sie als Meistbietender das Recht aus dem Meistgebot an einen Dritten abgetreten oder in verdeckter Vollmacht geboten und dies nachträglich erklärt, fällt doppelte Grunderwerbsteuer (also teure 7 %) an, nämlich für die Abgabe des Meistgebots und für die Abtretung des Rechts aus dem Meistgebot oder das Offenlegen der Vollmacht. Darauf hat Sie der Rechtspfleger bereits im Versteigerungstermin ausdrücklich hingewiesen.

Praxis-Tipp: „Übung macht den Meister", so sagt das Sprichwort. Besuchen Sie also Versteigerungstermine zu „Trainingszwecken".

Nehmen Sie unbedingt zur Vorbereitung des Versteigerungstermins probeweise an einigen Versteigerungen teil, um den Ablauf kennenzulernen. Dadurch können Sie die in Kapitel 2 geschilderten Strukturen des Termins (Bekanntmachungsteil, Bietzeit, Verhandlung und Entscheidung über den Zuschlag) in der Praxis erleben. Auf diese Weise werden Sie zum „Profi", der durch seine Kenntnisse von den Vorgängen im Termin Vorteile gegenüber ahnungslosen „Anfängern" hat.

Wie wird geboten?

Bei Ihren „Trainingsterminen" werden sie feststellen, dass Sie Gebote nach Eröffnung der Bietzeit vor dem Rechtspfleger mündlich abgeben müssen. Sie werden dann protokolliert, verkündet und zugelassen, wenn alles in Ordnung ist. Dabei müssen Sie als Bieter zur Feststellung Ihrer Personalien einen gültigen Ausweis (Personalausweis oder Reisepass) vorlegen. Schriftliche Gebote vor oder im Termin oder gar per Telefon und Telefax sind nicht zulässig.

Sie sind zum Versteigerungstermin verhindert?

Können Sie den Termin, in dem Ihre Wunschimmobilie versteigert wird, nicht persönlich wahrnehmen, müssen Sie einen Vertreter schicken.

Der Stellvertreter muss dann das Gebot in Ihrem Namen abgeben und dabei mit einer notariell beglaubigten oder beurkundeten Bietvollmacht ausgestattet sein. Diese Vollmacht muss ausdrücklich zur Abgabe von Geboten ermächtigen; eine allgemeine Vollmacht „zur Vertretung im Termin" oder eine Verfahrensvollmacht reichen nicht aus. Falls Sie jemandem sowieso eine notarielle Generalvollmacht oder eine generelle Vollmacht zum Erwerb von Immobilien erteilt haben, genügt diese auch im Versteigerungsverfahren.

z.B.

Hubert Schneider
Narzissenweg 19
40881 Düsseldorf *10. April 2007*

Hiermit bevollmächtige ich
Frau Michaela Muster
Glockengasse 8, 40668 Meerbusch,

1 *für mich im Zwangsversteigerungstermin am 20. April 2007 (Aktenzeichen: 80 K 300/06) Gebote für das Wohnungseigentum Nr. 4 im 1. Obergeschoss rechts des Hauses Wasserstraße 20 abzugeben.*

oder

2 *für mich in allen Zwangsversteigerungsterminen vor deutschen Amtsgerichten Gebote in unbeschränkter Höhe abzugeben.*

Praxis-Tipp: Eine notarielle Beurkundung, bei der der Notar den Inhalt der Vollmacht für Sie entwirft, ist recht teuer. Viel preiswerter ist die notarielle Unterschriftsbeglaubigung.

Dabei müssen Sie nur den von Ihnen konzipierten Text beim Notar unterschreiben. Sie können den auf der vorigen Seite abgedruckten Mustertext verwenden.

Es folgen Ihre Unterschrift und der Beglaubigungsvermerk des Notars, den dieser darunter setzt. Beachten Sie bitte, dass Rechtsanwälte oder Behörden Ihre Unterschrift nicht wirksam beglaubigen können. Der Gang zum Notar ist nicht zu vermeiden. Ihr Bevollmächtigter muss im Termin das Original der Vollmacht vorlegen und sich selbst ausweisen können.

Praxis-Tipp: Zweckmäßig ist es, eine Kopie der Vollmacht für die Akte des Versteigerungsgerichts mitzubringen, wenn Sie das Original der Vollmacht in jedem Fall am Terminende wieder mitnehmen wollen (Textvorschlag 2).

Sie können die Bietvollmacht auch nach oben hin limitieren („Gebote bis zu einer Höhe von 500.000 EUR abzugeben"). Der Rechtspfleger muss diese Begrenzung der Vollmacht beachten.

Bieten mit „verdeckter Vollmacht"

Wollen Sie während der Bietstunde unerkannt bleiben, kann Ihr Vertreter das Gebot abgeben, ohne sofort die Vollmacht offen zu legen. Er bietet zunächst im eigenen Namen. Der „Strohmann" erklärt dann nach dem Schluss der Bietstunde oder in einem von ihm beantragten Verkündungstermin, dass er nicht für sich, sondern für einen Dritten – das sind Sie – geboten hat, und weist Ihre Vollmacht in notarieller Form nach. In diesem Fall wird der Zuschlag Ihnen als dem Vollmachtgeber erteilt. Ihr Vorteil: Sie bleiben als Bieter bis zum Schluss der Versteigerung unerkannt. Aber Achtung: Dieser Weg ist teuer! Sie müssen doppelte Grunderwerbsteuer (das sind 7 %!) zahlen. Außerdem haftet der Vertreter neben Ihnen für die Erfüllung des Meistgebots.

Praxis-Tipp: Wer für einen anderen bieten will, muss sofort bei Abgabe des ersten Gebots „Ross und Reiter“ nennen und seine Vollmacht vorlegen. Andernfalls drohen finanzielle Nachteile wie doppelte Grunderwerbsteuer.

Bietergemeinschaften: Wenn Sie nicht allein erwerben wollen

Wenn Sie zusammen mit einer oder mehreren Personen in einer Bietergemeinschaft ein Gebot abgeben wollen, müssen alle Partner anwesend oder vertreten sein. Außerdem müssen Sie Ihr Beteiligungsverhältnis angeben. Im Normalfall werden Sie zu Bruchteilen (zum Beispiel „zu je 1/2 Anteil“) erwerben wollen.

Steuerfüchse schließen gegebenenfalls einen Gesellschaftsvertrag und bilden eine „Gesellschaft bürgerlichen Rechts“. Informieren Sie sich über die steuerlichen Vorteile. Im Versteigerungstermin genügt es, dieses Beteiligungsverhältnis anzugeben, den Vertrag müssen Sie nicht vorlegen.

Praxis-Tipp: Ehegatten, die gemeinsam Eigentum erwerben wollen, müssen auch das Gebot gemeinsam abgeben. Wenn nämlich nur einem Ehegatten der Zuschlag erteilt worden ist, lässt sich zum Beispiel ein 50 % – Anteil auf den Ehepartner nur noch durch einen notariellen Vertrag übertragen. Dadurch entsteht zwar keine weitere Grunderwerbsteuer, Sie müssen jedoch erhebliche Notar- und Grundbuchkosten zahlen.

Wann Sie einen Handelsregisterauszug benötigen

Sind Sie Vertreter einer juristischen Person (Aktiengesellschaft, GmbH) oder einer Personengesellschaft (OHG, KG) und wollen für diese ein Gebot abgeben, müssen Sie Ihre Vollmacht durch Vorlage eines öffentlich beglaubigten Handelsregisterauszugs oder amtlichen Ausdrucks nachweisen. Nach unserer Meinung sollte der Auszug aus den letzten drei bis vier Monaten stammen.

Praxis-Tipp: Erkundigen Sie sich unbedingt vor dem Termin beim zuständigen Rechtspfleger, wie alt der Registerauszug sein darf, denn dafür gibt es im Gesetz keine verbindliche Regelung.
Online-Bestellung (kostenpflichtig): www.handelsregister.de

Sie wollen für Ihre minderjährigen Kinder bieten?

Für minderjährige Kinder müssen die Inhaber der „elterlichen Sorge" bieten, normalerweise also beide Eltern. Wenn Sie – nach Tod des Ehepartners oder Scheidung – die elterliche Sorge allein ausüben, müssen Sie dies dem Gericht nachweisen (Sterbeurkunde oder Gerichtsbeschluss).

In jedem Fall benötigen Sie zur Abgabe von Geboten für minderjährige Kinder eine Genehmigung des Familiengerichts, die Sie zum Versteigerungstermin mitbringen müssen.

Wichtig: Wirksame Vollmacht, aktueller Handelsregisterauszug oder familiengerichtliche Genehmigung müssen schon bei Abgabe des Gebots vorliegen und können nicht nachgereicht werden. Bei Fehlen solcher Unterlagen muss der Rechtspfleger Ihr Gebot zurückweisen (siehe Kapitel 2).

Praxis-Tipp: Wenn Sie Ihre Vertretungsmacht nicht ordnungsgemäß nachweisen können, bleibt Ihnen als Vertreter nur die Möglichkeit, das Meistgebot im eigenen Namen abzugeben, nach Schluss der Versteigerung einen Verkündungstermin zu beantragen und in diesem Termin das Recht aus dem Meistgebot an den Vertretenen oder die vertretene Gesellschaft abzutreten. Nach der Abtretung erhält der Abtretungsempfänger, also derjenige der ursprünglich ansteigern wollte, den Zuschlag. Die auch in diesem Fall entstehende doppelte Grunderwerbsteuer können Sie unter Umständen vermeiden, wenn Sie als Vertreter bei Abgabe des Gebots zu Protokoll erklären, dass Sie nur mangels ordnungsgemäßer Vollmacht selbst geboten haben. Die Grunderwerbsteuerstelle beim Finanzamt sollten Sie unter Hinweis auf das Protokoll des Versteigerungstermins bereits vor der Steuerfestsetzung entsprechend informieren. Damit sollte es Ihnen gelingen, die doppelte Grunderwerbsteuer zu vermeiden.

Sicherheitsleistung – Ohne sie geht zumeist nichts

Als Bieter müssen Sie sich darauf einstellen, dass Sie unmittelbar nach Abgabe Ihres Gebots eine Sicherheitsleistung erbringen müssen. Der Rechtspfleger fordert Sie allerdings nur dann auf, Sicherheit zu leisten, wenn einer der Verfahrensbeteiligten dies verlangt – in der Regel ist es die erstrangige Gläubigerbank.

Die Sicherheitsleistung beträgt unabhängig von der Höhe Ihres Gebots pauschal 10 % des festgesetzten Verkehrswertes!

Lediglich zwei Besonderheiten müssen Sie bei der Höhe der Sicherheit allerdings beachten:

1. Falls die Verfahrenskosten 1/10 des Verkehrswertes übersteigen, müssen Sie als Bieter ausnahmsweise Sicherheit in Höhe der Kosten leisten.

   Beispiel: Versteigert wird eine kleine landwirtschaftliche Fläche mit einem Verkehrswert von 17.000 EUR. Die Gerichtskosten betragen 2.100 EUR, da allein für das Gutachten 1.400 EUR gezahlt werden mussten.

   Lösung: Als Bieter müssen Sie 2.100 EUR Sicherheit leisten, da die Gerichtskosten mehr als 10 % des Verkehrswertes (1.700 EUR) betragen.

2. In einzelnen Fällen, nämlich bei hohen bestehen bleibenden Rechten, kann die Sicherheitsleistung von 10 % des Verkehrswertes den Betrag übersteigen, den der Bieter als Ersteher überhaupt bar zahlen muss:

   Beispiel:

Verkehrswert	*150.000 EUR*
bestehen bleibende Rechte	*135.000 EUR*
Ihr wirtschaftliches Gebot	*140.000 EUR*
also in bar zu bieten	*5.000 EUR*
benötigte Sicherheitsleistung =	
10 % des Verkehrswertes	*15.000 EUR*

Lösung: Die Sicherheit, die Sie zunächst in jedem Fall leisten müssen, übersteigt Ihre Zahlungspflicht als Ersteher um 10.000 EUR. Nach Schluss der Versteigerung wird dieser überschießende Betrag freigegeben und zurück überwiesen.

Diese Regelung hat durchaus ihre Berechtigung. Bevor das Meistgebot feststeht, ist ja nicht absehbar, bis zu welcher Gebotshöhe sich die Interessenten hochtreiben werden. Im obigen Beispiel könnten Sie im Verlauf des Bietgeschäfts noch wirtschaftlich 155.000 EUR, also 20.000 EUR in bar, bieten. Schon läge die Sicherheit wieder unter Ihrer Barzahlungspflicht. Da der Gesetzgeber in jedem Fall ein Nachlegen verhindern wollte, ist es nur konsequent, von jedem Bieter zunächst 10 % des Verkehrswertes als Sicherheit zu verlangen.

Leider haben Sie in diesen Fällen die zu viel gezahlte Sicherheit erst nach etlichen Tagen wieder auf Ihrem Konto.

Womit können Sie Sicherheit leisten?

Nach einem dreisten Raubüberfall in einem Versteigerungstermin des Amtsgerichts Berlin-Schöneberg, Zweigstelle Lichterfelde, im November 2005, bei dem die Täter mit Waffengewalt 128.000,00 EUR hinterlegte Sicherheit erbeuteten, hat der Gesetzgeber reagiert und Bargeld aus den Sitzungssälen verbannt. **Ab dem 16.02.2007 ist Sicherheitsleistung** (und auch die Erlöszahlung an das Gericht, siehe Kapitel 4. Seite 96) **mit Bargeld ausgeschlossen!**

Folgende Arten der Sicherheitsleistung sind jetzt nur noch zulässig:

> **Verrechnungsschecks**, die von einem im Inland zugelassenen Kreditinstitut oder der Bundesbank ausgestellt sein müssen

> unbefristete und unbedingte **Bankbürgschaften**

> vorherige **Überweisung** des Betrages an die für das Versteigerungsgericht zuständige Gerichtskasse.

Hingegen akzeptiert das Gericht nicht:

- Bargeld
- vom Bieter selbst ausgestellte Schecks
- Verrechnungsschecks von Banken, die nicht im Inland zahlbar sind
- Wertpapiere aller Art
- Bürgschaften von Nichtbanken
- förmliche Hinterlegung (bei der Hinterlegungsstelle) vor dem Termin

Mit dem **Bankverrechnungsscheck** steht Ihnen eine kostengünstige, bequeme und sichere Alternative zum Bargeld zur Verfügung. Die Gebühren variieren je nach Geldinstitut und geforderter Summe. Vor allem bei Sparkassen und Volks- und Raiffeisenbanken ist der Scheck ab 25 EUR zu haben.

Doch nicht bei allen Banken steht der einfache Verrechnungsscheck auf der Preistafel. Einige Institute kennen nur den erheblich teureren bestätigten Bundesbankscheck, bei dem die Bundesbank auf der Rückseite des Schecks die Einlösung innerhalb der Vorlegungsfrist garantiert.

Praxis-Tipp: Winken Sie ab, wenn Ihr Banker Ihnen den teuren bestätigten Bundesbankscheck verkaufen will. Der Scheck mit ausdrücklicher Einlösungsgarantie ist gar nicht erforderlich. Seine Bereitstellung dauert länger und es entstehen höhere Kosten. Ein „einfacher" Bundesbankscheck reicht völlig aus.

Diese Anforderungen muss der Scheck erfüllen, damit Ihre Sicherheitsleistung anerkannt wird:

- Aussteller ist eine in Europa zugelassene Bank (Ihre Hausbank)

> Bezogener ist eine andere Bank im Inland, also etwa die Deutsche Bundesbank oder eine selbstständige (inländische) Zweigniederlassung Ihrer Hausbank

> **Achtung Frist!** Der Scheck darf frühestens am dritten Werktag vor dem Versteigerungstermin ausgestellt sein!

Dazu folgende Übersicht:

Termintag	*Montag*	*Dienstag*	*Mittwoch*	*Donnerstag*	*Freitag*
frühester zulässiger Ausstellungstag: *vorangegangener*	*Donnerstag*	*Freitag*	*Freitag **	*Montag*	*Dienstag*

** (weil die Frist an einem Samstag nicht enden kann)*

Praxis-Tipp: Veranlassen Sie Ihre Hausbank den Scheck auf den Termintag vorzudatieren. Dies ist ohne Weiteres zulässig und umgeht elegant alle Probleme der Fristberechnung!

Profis, die sich häufiger an Zwangsversteigerungen beteiligen, greifen oft auf **Bankbürgschaften** zurück. Die Banken nehmen dafür eine einmalige Bearbeitungsgebühr. Dazu kommen noch die Zinsen für den dahinter stehenden Avalkredit, abhängig vom Zinsniveau. Die Bürgschaftssumme würde Ihrem Konto erst bei Inanspruchnahme belastet, was im Normalfall nicht vorkommt: Sobald Sie das gesamte Meistgebot an das Versteigerungsgericht gezahlt haben erhalten Sie die Bürgschaftsurkunde zurück.

Praxis-Tipp: Falls Sie häufiger bei Versteigerungen mitbieten wollen, lassen Sie sich von Ihrer Hausbank **Bürgschaften in kleiner Stückelung** (zum Beispiel 5 x 20.000 EUR, statt 1 x 100.000 EUR) ausstellen, damit Sie flexibel sind: Das Original der Bürgschaftsurkunde wird bis zur Erlöszahlung, also im Zweifel bis zum Verteilungstermin (6 bis 10 Wochen nach Zuschlag), einbehalten. So bleiben Sie in der Zwischenzeit „liquide“ und können an weiteren Versteigerungsterminen teilnehmen.

Ganz neu ist die Sicherheitsleistung durch vorherige **Überweisung** des Betrages an die für das Versteigerungsgericht zuständige Gerichtskasse.

Allerdings sind hier etliche recht bürokratische Vorgaben zu beachten.

Bietinteressenten, die sich für eine Überweisung entscheiden,

> müssen zunächst die Kontoangaben der für das Versteigerungsgericht zuständigen Gerichtskasse ermitteln (Anruf bei dem Versteigerungsgericht, evtl. Webseite des Amtsgerichts)

> dürfen folgende Angaben im Verwendungszweck nicht vergessen: Gericht und Aktenzeichen des Verfahrens (in unserem Beispielsfall „AG Düsseldorf – 80 K 300/06“) und das Stichwort „Sicherheit“

> sollten das Geld schon 2 Wochen vor dem Termin auf den Weg bringen, damit der Nachweis im Versteigerungstermin vorliegt.

Die Gerichtskasse muss dem Versteigerungsrechtspfleger die Einzahlung bestätigen, die Vorlage Ihres Überweisungsbelegs genügt nicht!.

Fällt der Termin kurzfristig aus oder kommen Sie bei der Versteigerung nicht zum Zug, erfolgt Rücküberweisung des Betrages durch die Gerichtskasse auf Anordnung des Versteigerungsgerichts. Auch dieser Vorgang dauert natürlich wieder seine Zeit, günstigstenfalls einige Tage. Auf Zinsen des Sicherheitsbetrages müssen Sie deshalb einige Wochen verzichten.

Praxis-Tipp: Vergleichen Sie die Gebühren für den Scheck mit den entgangenen Zinseinnahmen. Ab rund 10.000,00 EUR Sicherheit dürfte der Scheck in jedem Fall günstiger sein.

Aus unserer Sicht sollte der **Bankverrechnungsscheck** das Sicherheitsmittel Ihrer Wahl sein: preiswert, flexibel und unbürokratisch.

Gibt es im Versteigerungstermin dennoch einmal Probleme mit Höhe oder Art der Sicherheitsleistung, sollten Sie mit der beantragenden Gläubigerbank verhandeln. Der Terminvertreter kann sich auf die von Ihnen vorgelegte Sicherheit beschränken (falls der Betrag nicht ausreicht) oder sein Verlangen zurück nehmen, damit der Rechtspfleger Ihr Gebot zulässt.

Praxis-Tipp: Notfalls können Sie dem Terminvertreter anbieten sich noch nach dem Versteigerungstermin von Ihrer Bonität zu überzeugen. Bleiben Sie ohne Sicherheitsleistung meistbietend, kann die Bank beantragen den Zuschlag nicht sofort, sondern erst in einem besonderen Verkündungstermin zu erteilen. Vereinbaren Sie mit dem Terminvertreter wie Sie bis zum Verkündungstermin außerhalb des Verfahrens Ihre Bonität nachweisen. Überweisungen an das Gericht sind in dieser Phase des Verfahrens aber nicht möglich.

Welche Bietstrategie führt Sie zum Erfolg?

Ihr Bietverhalten sollten Sie bereits vor dem Termin überdenken und eine persönliche Bietstrategie entwerfen.

Die Wahl der richtigen Biettaktik hängt entscheidend von der Anzahl Ihrer Bietkonkurrenten und deren Verhalten in der Bietzeit ab. Niemand kann den Verlauf des Bietgeschäfts zuverlässig voraussagen. Auch wir erleben immer wieder überraschende Wendungen.

Fazit: Eine allgemeingültige und immer richtige Bietstrategie mit Erfolgsgarantie gibt es nicht!

Wir wollen daher in aller Kürze an dieser Stelle nur einige nützliche Ratschläge für das richtige Bietverhalten geben:

- Setzen Sie sich ein festes Gebotslimit und hüten Sie sich davor, es preiszugeben. Auch freundliche Bankenvertreter und nette Mitbieter sind in der Auktion Ihre wirtschaftlichen Gegner.

- Sie sollten vermeiden, dass sich Ihr persönliches Gebotslimit mit den möglichen „Schmerzgrenzen“ anderer Mitbieter deckt. Legen Sie deshalb ein „krummes“ Limit fest, zum Beispiel 150.500 EUR statt 150.000 EUR.

- Wählen Sie vernünftige Bietschritte im Verhältnis zum Verkehrswert. Wer bei einem 1-Familienhaus „1 EUR mehr“ bietet, hat zwar die Lacher auf seiner Seite, behindert aber zügiges und zielstrebiges Bieten und bereitet dem Rechtspfleger und der Protokollkraft unnötige Arbeit.

- Sprechen Sie Ihr zu zahlendes Gebot stets vollständig aus. Sagen Sie nicht „zwei-sechs“, wenn Sie 206.000 EUR bieten wollen. Allzu leicht könnten Sie sonst die wirtschaftliche Tragweite Ihrer Gebote aus den Augen verlieren, oder Ihr Gebot könnte mit 260.000 EUR falsch interpretiert werden.

- Verlassen Sie während der verhältnismäßig kurzen Bietzeit den Sitzungssaal höchstens für ein kurzes Gespräch mit dem Bankenvertreter. Behalten Sie ansonsten die Konkurrenz im Saal im Auge. 30 Minuten sind keine Ewigkeit.

- Versuchen Sie dem Terminvertreter der betreibenden Gläubigerbank seine Vorgabe zu entlocken. Nur wenn Sie die „Schmerzgrenze“ der Bank kennen, können Sie sicher sein, nicht zu viel geboten zu haben.

- Bietinteressenten, die Ihnen während der Bietzeit die Minderwertigkeit des Objekts in schillernden Farben ausmalen, wollen Sie häufig nur verunsichern und vom Bieten abhalten.

- Ein niedriges Anfangsgebot weit unterhalb der Vorstellung des betreibenden Gläubigers bringt in der Regel keine Vorteile. Ihre Bietkonkurrenten werden dadurch eher ermuntert, Übergebote abzugeben.

- Bei größerem Bietinteresse können Sie dagegen mit einem hohen Anfangsgebot die Konkurrenz abschrecken. Bieten Sie zum Beispiel als erstes 85 % des Verkehrswertes, wenn Sie wissen, dass die Gläubigerbank 100 % anstrebt.

- Wechseln Sie Ihre Bietschritte. Durch unterschiedliche Übergebote wird Ihre Bietstrategie für die Konkurrenten undurchschaubar, Ihr Bietlimit bleibt verborgen.

- Hüten Sie sich vor so genannten „negativen Bietabkommen“: Nehmen Sie kein Geld von Konkurrenten dafür an, dass Sie nicht oder nicht mehr weiter bieten! Solche Vereinbarungen eignen sich auch für Sie nicht als taktisches Mittel, um Mitinteressenten vom Bieten abzuhalten, da sie sittenwidrig sind und Schadenersatzansprüche gegenüber Gläubigerbanken und Schuldner begründen können.

- Bewahren Sie klaren Kopf, halten Sie Ihr Limit in jedem Fall ein und lassen Sie sich nicht von der möglichen Hektik gegen Ende der Bietzeit anstecken. Wir erleben es immer wieder, dass Interessenten in einen regelrechten Bietrausch verfallen und bis in wirtschaftlich unvernünftige Höhen bieten. Am nächsten Tag möchten Sie dann den „Zuschlag wieder rückgängig machen“. Denken Sie daran: Einmal abgegebene Gebote sind verbindlich.

- Fragen Sie den Rechtspfleger, wann immer Ihnen etwas nicht völlig klar ist. Sie erhalten erschöpfende und verständliche Antwort.

Zu guter Letzt: Der Sicherheitsanruf

Viele Schuldner werden erst aktiv, wenn der Versteigerungstermin unmittelbar bevorsteht. Es kommt daher häufig vor, dass der Schuldner noch in letzter Sekunde „die Kurve kriegt“ und der angesetzte Versteigerungstermin kurzfristig ausfällt.

Das Versteigerungsgericht veröffentlicht dies nicht noch gesondert. Ausnahme: Gerichte, die ihre Termine ins Internet einstellen, verweisen dort auch tagesaktuell auf den Wegfall des Termins.

Praxis-Tipp: Sofern das Medium Internet nicht in Frage kommt, sollten Sie zu Ihrer Sicherheit am Vortag des Versteigerungstermins – oder gar am Tag des Termins selbst – auf der Geschäftsstelle des Versteigerungsgerichts anrufen und sich erkundigen, ob der Termin noch steht. So vermeiden Sie vergebliche Anreise und Zeitverlust.

Checkliste: Ihre optimale Terminvorbereitung

> Klären Sie die Finanzierung mit Ihrer Bank schon vorab.

> Training: Besuchen Sie, damit Sie sich keinen Überraschungen ausgesetzt sehen, „probeweise“ einige Versteigerungstermine und machen Sie sich darüber Notizen.

> Beschaffen Sie sich die erforderlichen Bietunterlagen:

- Ist Ihr Personalausweis oder Reisepass noch gültig?
- Haben Sie eine notarielle Vollmacht, wenn Sie für einen Dritten bieten?
- Liegt ein aktueller amtlicher Ausdruck aus dem Handelsregister vor, wenn Sie für eine juristische Person bieten?
- Haben Sie eine familiengerichtliche Genehmigung, wenn Sie für eines Ihrer Kinder bieten wollen?
- Können Sie eine ausreichende Sicherheitsleistung erbringen (Scheck, Bankbürgschaft oder rechtzeitige Überweisung)?

> Haben Sie sich Ihre Bietstrategie zurechtgelegt?

> Haben Sie vor Abfahrt zum Termin vorsichtshalber noch einmal im Internet nachgesehen oder bei Gericht angerufen, ob der Termin noch gültig ist?

Kapitel 4
Vom Bieter zum Ersteher – Was Sie nach dem Zuschlag in Angriff nehmen müssen

„Werden Erklärungen zum Zuschlag abgegeben?“, fragt die Rechtspflegerin im Anschluss an die Bietzeit. Der Bankenvertreter gibt grünes Licht: „Ich beantrage die sofortige Erteilung des Zuschlags.“ Die Rechtspflegerin verkündet daraufhin den Zuschlagsbeschluss und hält diesen Zeitpunkt im Protokoll auf die Minute genau fest. Ihr Ziel als Bieter ist erreicht: Sie sind nicht nur Meistbietender, sondern in diesem Moment Ersteher und damit neuer Eigentümer des Versteigerungsobjekts geworden.

Eigentümer bereits mit Zuschlag

Anders als bei einem Kaufvertrag erwerben Sie das Eigentum nicht erst mit Ihrer Eintragung im Grundbuch, sondern bereits durch den Zuschlag als hoheitlichem Vollstreckungsakt. Als Nachweis für den Erwerb dient Ihnen daher ausschließlich der Zuschlagsbeschluss, den Sie wenige Tage nach dem Termin erhalten.

Der Eigentumsübergang auf Sie ist jedoch an den Bestand dieses Beschlusses geknüpft: Wird der Zuschlag im Beschwerdeverfahren aufgehoben, gelten seine Wirkungen als nicht eingetreten. Die Zuschlagsbeschwerde können alle Verfahrensbeteiligten und Sie als Ersteher einlegen. Die Frist beginnt für die anwesenden Beteiligten mit der Verkündung im Termin, für alle anderen mit der Zustellung des Zuschlagsbeschlusses, so dass die Rechtskraft frühestens in der dritten Woche nach dem Zuschlag eintritt.

Gefahrübergang – Die Versicherungsfrage klären

Bis zur Rechtskraft des Zuschlags dürfen Sie Ihre Aktivitäten aber keinesfalls zurückstellen, denn mit dem Zeitpunkt der Zuschlagsverkündung ist die Gefahr einer Beschädigung der Immobilie durch Brand, Hochwasser oder Ähnliches bereits auf Sie übergegangen. Der Jurist spricht lapidar von Gefahrübergang, was für Sie bedeutet, sofort die Versicherungsfrage zu klären.

§

Soweit für das Objekt bereits Versicherungsverträge bestehen, treten Sie als Ersteher nach dem Versicherungsvertragsgesetz (VVG) in die Rechte und Pflichten aus diesen Verträgen ein. Sie haften gegenüber dem Versicherer gemeinsam mit dem Schuldner für den Beitrag der laufenden Versicherungsperiode und sind auch berechtigt, das Vertragsverhältnis zu kündigen.

Tipp

Praxis-Tipp: Wer die Immobilie versichert hat, erfahren Sie eventuell vom Schuldner, sicher aber vom betreibenden Gläubiger. Bei Zweifeln über den Versicherungsschutz sollten Sie vorsorglich sofort eine Versicherung abschließen. Stellt sich später heraus, dass doch schon eine Police besteht (Doppelversicherung), können Sie unverzüglich, nachdem Sie davon erfahren haben, die Aufhebung des später geschlossenen Vertrages verlangen (§ 60 VVG).

Wenn Sie eine Eigentumswohnung ersteigert haben, gibt es keine Probleme. Für den Gebäudeversicherungsschutz einer Wohnungseigentumsanlage ist der bestellte WEG-Verwalter verantwortlich.

Ähnlich verhält es sich, wenn das Objekt unter Zwangsverwaltung steht. Dann gehört es zu den Aufgaben des gerichtlich bestellten Zwangsverwalters, die Versicherungsfrage zu klären. Den Versicherungsbeitrag bestreitet er aus den Einnahmen der Zwangsverwaltung.

Nutzen- und Lastenübergang – Die Miete sichern und übernommene Rechte ablösen

Mit dem Zuschlag gehen aber nicht nur die Gefahren, sondern auch alle Nutzungen auf Sie über. Haben Sie ein vermietetes Objekt ersteigert, steht Ihnen daher vom Tag des Zuschlags – anteilig auch für den laufenden Monat – die Miete zu. Damit die nächste fällige Miete nicht mehr an den Schuldner fließt, sollten Sie den Mieter sofort über den Eigentumswechsel informieren und ihm aufgeben, die künftigen Mieten auf Ihr Konto zu überweisen.

Ist Ihr Objekt zwangsverwaltet?

Häufig stehen gerade vermietete Objekte auch unter gerichtlicher Zwangsverwaltung. Die Gläubiger sichern sich dadurch die Mieten, die der eingesetzte Zwangsverwalter vereinnahmt. In diesem Fall müssen Sie sich als Ersteher zunächst mit dem Zwangsverwalter in Verbindung setzen. Denn die Zwangsverwaltung läuft bis zur Rechtskraft des Zuschlags weiter. Der Zwangsverwalter verwaltet das Objekt bis zur Aufhebung des Verfahrens für Sie. Er kassiert die fälligen Mieten und begleicht die laufenden Ausgaben, bei einer Eigentumswohnung auch das Wohngeld. Nach Abrechnung überweist er den Ihnen zustehenden so genannten Ersteheranteil auf Ihr Konto. Erst die nach Aufhebung der Zwangsverwaltung fällige Miete muss der Mieter unmittelbar an Sie zahlen.

Praxis-Tipp: Erkundigen Sie sich immer beim Rechtspfleger, ob Ihr Objekt unter Zwangsverwaltung steht und wen er als Zwangsverwalter eingesetzt hat.

Teilen Sie dem Zwangsverwalter für seine Abrechnung Ihre Bankverbindung mit und bitten Sie ihn, die für Sie wichtigen Objektunterlagen wie Mietverträge, Versicherungspolicen oder Abrechnungen von Versorgungsunternehmen zur Verfügung zu stellen.

Der Zwangsverwalter wird Ihnen die Unterlagen nach Aufhebung des Verfahrens aushändigen und Ihnen das Objekt sowie von ihm vereinnahmte Mietkautionen übergeben.

Praxis-Tipp: Erfragen Sie beim Zwangsverwalter vorab den Namen des Mieters, wenn Sie das Objekt selbst nutzen und das Mietverhältnis deshalb kündigen wollen.

Wie Sie von Ihrem Ausnahmekündigungsrecht Gebrauch machen und welche Fristen Sie einhalten müssen, haben wir ausführlich in Kapitel 5 dargestellt.

Lastenübergang – Die Sollseite

Aber es gehen nicht nur die Nutzen und Erträge auf Sie über. Ab Zuschlag müssen Sie auch die laufenden öffentlichen und privatrechtlichen Lasten tragen.

Zu den öffentlichen Lasten gehört hauptsächlich die Grundsteuer. Aus Vereinfachungsgründen erheben die Stadt- und Gemeindekassen diese Steuer jedoch von Ihnen erst mit Beginn des auf den Zuschlag folgenden Jahres. Bis dahin bleibt der Schuldner zur Zahlung verpflichtet. Nur wenn er Zahlung leistet, müssen Sie ihm die Steuern ersetzen. Weil der Schuldner jedoch in der Regel zahlungsunfähig ist, kommt die Regelung im Grundsteuergesetz für Sie einem Steuererlass für diesen Zeitraum gleich.

Einmalige öffentliche Lasten (Erschließungskosten, Anliegerbeiträge) tragen Sie nur, wenn diese nach Zuschlag fällig geworden sind.

Die Stadt- oder Gemeindekasse wird vom Gericht automatisch über den Eigentumswechsel informiert und übersendet Ihnen zu Beginn des auf den Zuschlag folgenden Jahres einen Grundsteuerbescheid, aus dem sich der vierteljährlich zu zahlende Grundsteuerbetrag ergibt.

Privatrechtliche Lasten, die Sie ebenfalls ab Zuschlag tragen müssen, sind die laufenden Leistungen der von Ihnen möglicherweise übernommenen Grundbuchrechte. Hier kommen ausschließlich in Betracht:

> Zinsen einer übernommenen Hypothek oder Grundschuld,

> Einzelleistungen (zum Beispiel monatliche Geldrenten) aus einer übernommenen Reallast.

Alle anderen möglicherweise übernommenen Rechte belasten Sie nicht mit laufenden Zahlungen. Bei von Ihnen übernommenen Dienstbarkeiten müssen Sie nur etwas dulden, aber selbst keine Leistungen erbringen.

Mit Steuerschulden des alten Eigentümers haben Sie nichts zu tun. Ebensowenig treffen Sie persönliche Abgaben wie Müllabfuhrgebühren, Wassergeld oder Stromkosten aus der Vergangenheit.

Allerdings kann sich eine Zahlungsverpflichtung ergeben, wenn das ersteigerte Objekt vermietet ist: Nach § 566 a BGB, der gemäß § 57 ZVG auch bei Erwerb durch Zwangsversteigerung gilt, haftet der Ersteher dem Mieter für die verzinsliche Rückzahlung der Kaution bei vertragsgemäßer Rückgabe der Räume! Sie können als Ersteher aber nach der Lebenserfahrung nicht davon ausgehen, dass der Schuldner-Eigentümer Ihnen nach Zuschlag ordnungsgemäß das Kautionssparbuch übergibt.

Praxis-Tipp: Nutzen Sie alle Informationsquellen (Rechtspfleger, Zwangsverwalter, Mieter selbst) um Höhe und Verbleib einer etwaigen Kaution vor dem Versteigerungstermin in Erfahrung zu bringen. Machen Sie im Zweifel bei Ihrem Gebot einen Sicherheitsabschlag von drei Monatsmieten um Ihre Haftung zu kompensieren!

Wann und wie Sie ein übernommenes Grundpfandrecht ablösen

Haben Sie neben Ihrem Gebot eine Hypothek oder Grundschuld übernehmen müssen, stellt sich die Frage, wie Sie mit diesem Recht umgehen.

Zunächst Grundsätzliches: Bei einer Hypothek übernehmen Sie als Ersteher kraft Gesetzes auch das gesicherte Darlehen, wenn der Schuldner dafür persönlich haftet. Für die Grundschuld gilt dies in der

Praxis nicht, weil der Schuldner in der Regel es versäumt, die gesicherte Forderung anzumelden. Deshalb haften Sie nur für die Grundschuld und nicht auch für das dahinter stehende Darlehen.

Diese Unterscheidung ist für Sie deshalb wichtig, weil Sie sich bei der Grundschuld nicht auf die niedrigen Zinsen des Darlehens berufen können. Sie müssen ab Zuschlag die im Grundbuch eingetragenen enormen Grundschuldzinsen tragen, die häufig 15 % und mehr ausmachen. Ihr Interesse muss es daher sein, sich möglichst schnell von dieser Last zu befreien.

Die Grundschuldkapitalbeträge sind zumeist aufgrund einer entsprechenden Vereinbarung in der Bestellungsurkunde fällig, so dass Sie das Grundschuldkapital ohne Weiteres sofort ablösen können. Vergewissern Sie sich jedoch, indem Sie bereits im Versteigerungstermin die Grundbuchurkunde einsehen oder den Rechtspfleger zur Fälligkeit der bestehen bleibenden Grundschuld befragen.

Tipp

Praxis-Tipp: Nehmen Sie sofort nach dem Zuschlag mit dem Gläubiger einer übernommenen Grundschuld Kontakt auf und bemühen Sie sich um eine schnelle Ablösung des Rechts. Dadurch vermeiden Sie die hohen Grundschuldzinsen.

Sie können die übernommene Grundschuld aber auch für Ihre eigene Finanzierung nutzen, indem Sie mit dem Gläubiger einen Darlehensvertrag schließen oder die Grundschuld an ihre finanzierende Hausbank abtreten lassen. So sparen Sie Notar- und Gerichtsgebühren.

Bei einer übernommenen Hypothek trifft Sie dieses Problem nicht, denn Sie haften nur für die vereinbarten marktüblichen Darlehenszinsen. Die Hypothekenbank wird das Recht jedoch in den meisten Fällen dem Schuldner gegenüber bereits gekündigt haben. Diese Kündigung wirkt Ihnen gegenüber nur dann, wenn die Bank sie beim Gericht rechtzeitig angemeldet und der Rechtspfleger sie im Versteigerungstermin bekannt gegeben hat. In diesem Fall müssen Sie auch die Hypothek sofort zurückzahlen.

Besitzübergang – Wie Sie Ihr Objekt in Besitz nehmen

„Von wem bekomme ich jetzt die Schlüssel?“, lautet eine in der Praxis häufig gestellte Frage, die bei Bankenvertretern und Rechtspflegern nur Achselzucken auslöst.

Fast immer müssen Sie selbst aktiv werden. Schnell reagieren sollten Sie, wenn Ihr Objekt leer und nicht unter Zwangsverwaltung steht. Denn es gilt, das Objekt zu sichern, einen Schlüsseldienst zu beauftragen und die Schlösser auszutauschen, um sich vor bösen Überraschungen zu schützen. Bei allen Maßnahmen benötigen Sie den Zuschlagsbeschluss, der Sie als neuen Eigentümer ausweist.

Praxis-Tipp: Bitten Sie den Rechtspfleger in eiligen Fällen den Zuschlagsbeschluss noch am Verkündungstag persönlich abholen zu dürfen. So vermeiden Sie die Postlaufzeit.

Kostenintensive Umbau- oder Renovierungsarbeiten sollten Sie aber bis zur Rechtskraft des Zuschlagsbeschlusses zurückstellen, auch wenn Zuschlagsbeschwerden selten sind. Um sicherzugehen, lassen Sie sich die Rechtskraft nach Ablauf der Rechtsmittelfrist vom Versteigerungsgericht bescheinigen, bevor Sie mit größeren Maßnahmen beginnen.

Haben Sie ein vermietetes Objekt ersteigert, treten Sie in den bestehenden Mietvertrag ein. Unmittelbarer Besitzer können Sie daher erst nach Kündigung (vgl. Kapitel 5) und Auszug des Mieters werden.

Wie Sie Ihr Besitzrecht durchsetzen, wenn der Schuldner mit seiner Familie selbst im Objekt wohnt, beschreiben wir ebenfalls ausführlich im Kapitel 5. Nehmen Sie aber auf jeden Fall direkt mit dem Schuldner Kontakt auf und setzen Sie ihm eine Frist (im Gesetz weder bestimmt, noch vorgesehen) für seinen Auszug. In diesem Fall können Sie dem Schuldner eine Nutzungsentschädigung für die Zwischenzeit auferlegen.

Woran Sie nach dem Zuschlag denken müssen, haben wir Punkt für Punkt in nachfolgender Checkliste für Sie zusammengestellt:

Checkliste: Was Sie nach dem Zuschlag in Angriff nehmen müssen

- Beim Rechtspfleger erfragen, ob das Objekt unter Zwangsverwaltung steht. Namen und Anschrift des Zwangsverwalters notieren, diesem Ihre Kontoverbindung für den Ersteheranteil mitteilen.

- Versicherungsschutz für das Gebäude prüfen, notfalls vorsorglich eine Gebäudeversicherung abschließen.

- Namen des Mieters beim Gericht oder dem Zwangsverwalter ermitteln.

- Mit dem Mieter Kontakt aufnehmen, Überweisung der Miete auf Ihr Konto sicherstellen.

- Frist für den Zugang der Ausnahmekündigung gegenüber dem Mieter beachten (vgl. dazu Kapitel 5).

- Übernommene Grundschuld direkt ablösen, mit der Gläubigerbank Rückzahlungsmodalitäten vereinbaren.

- Leerstehendes Objekt sichern, Schlösser sofort austauschen.

- Dem im Objekt wohnenden Schuldner eine Räumungsfrist setzen und Nutzungsentschädigung auferlegen.

- Finanzierung des Meistgebots mit Ihrer Hausbank sicherstellen.

Ihre Hauptpflicht – Wann und wie Sie an das Gericht zahlen müssen

Die Hauptpflicht für Sie als Ersteher besteht darin, das bare Meistgebot spätestens bis zum Verteilungstermin an das Gericht zu zahlen. Gleichzeitig mit dem Zuschlagsbeschluss erhalten Sie eine Verteilungsterminbestimmung, aus der sich der konkrete Zahlungstermin ergibt. In aller Regel lassen die Amtsgerichte Ihnen mindestens sechs bis zehn Wochen Zeit, Ihr Meistgebot zu zahlen.

Praxis-Tipp: Stimmen Sie bereits direkt im Anschluss an den Zuschlag mit dem Rechtspfleger einen Verteilungstermin ab, der Ihnen genügend zeitlichen Spielraum für die Finanzierung läßt.

Als Ausgleich dafür, dass Sie das Objekt bereits ab Zuschlag nutzen können, müssen Sie auf das Meistgebot bis einen Tag vor dem Verteilungstermin 4 % Zinsen zahlen.

Wenn Sie einen Teil des Meistgebots oder den gesamten Betrag schon vor dem Termin bei der Hinterlegungsstelle des Amtsgerichts unter Verzicht auf die Rücknahme hinterlegen und dies im Verteilungstermin nachweisen, entfällt jedoch die Verzinsung.

Praxis-Tipp: Besprechen Sie vorzeitige Zahlungen unbedingt mit dem Rechtspfleger. Er muss die Zinsen neu berechnen und wird Ihnen bei den Formalitäten der Hinterlegung behilflich sein.

Die von Ihnen zum Versteigerungstermin geleistete Sicherheit von 10 % des Verkehrswertes gilt als Anzahlung auf das Meistgebot und wird nicht verzinst.

Die Gebotszinsen berechnet das Gericht richtigerweise nach Kalendertagen, nicht nach der bei Banken üblichen Methode, die jeden Monat nur mit dreißig Tagen berücksichtigt.

Berechnungsbeispiel:

Zu zahlendes Meistgebot	*156.000 EUR*
anzurechnende Sicherheitsleistung	*20.000 EUR*
Zuschlagserteilung	*11.10.2006*
Verteilungstermin	*30.11.2006*

Lösung: *Die Gebotszinsen betragen 4 % von 136.000 EUR für die Zeit vom 11.10.2006 (Zuschlag) bis zum 29.11.2006 (Tag vor Verteilungstermin), das sind 50 Tage bei 365 Zinstagen im Jahr = 745,21 EUR. Ihr restliches Meistgebot zuzüglich der Gebotszinsen (in unserem Beispiel 136.745,21 EUR) muss dem Rechtspfleger spätestens im Verteilungstermin vorliegen.*

„Das Bargebot ist so rechtzeitig durch Überweisung oder Einzahlung auf ein Konto der Gerichtskasse zu entrichten, dass der Betrag der Gerichtskasse vor dem Verteilungstermin gutgeschrieben ist und ein Nachweis hierüber im Termin vorliegt."

Die Übergabe von Bargeld oder bestätigten Bundesbankschecks an das Versteigerungsgericht selbst ist also ausgeschlossen!

Wenn Sie nicht bei der Gerichtskasse bar einzahlen wollen, müssen Sie Ihr Meistgebot zuzüglich der Zinsen auf ein Konto der Gerichtskasse als so genanntes Verwahrgeld überweisen. Die Überweisung müssen Sie jedoch unbedingt rechtzeitig – und zwar schon etwa 10 bis 14 Tage vor dem angesetzten Termin – veranlassen, damit der Nachweis über den Zahlungseingang dem Rechtspfleger bis zum Verteilungstermin vorliegt.

Im Idealfall erhalten Sie zusammen mit dem Zuschlag und der Verteilungsterminbestimmung ein Schreiben des Gerichts, aus dem sich der genaue Betrag der restlichen Zahlungspflicht und die Angaben zur Überweisung ergeben.

Auf den folgenden Seiten halten wir für Sie eine Verteilungsterminbestimmung und ein „Ersteheranschreiben", wie es in der Praxis verwendet wird, als Muster bereit.

Erhalten Sie kein gerichtliches Anschreiben, müssen Sie den zu zahlenden Betrag selbst errechnen und die Zahlungsmodalitäten mit dem Rechtspfleger abstimmen.

Praxis-Tipp: Sofern Sie kein solches Schreiben des Versteigerungsgerichts erhalten, erkundigen Sie sich telefonisch beim zuständigen Rechtspfleger über

> die genaue Höhe Ihrer restlichen Zahlungspflicht und

> die Daten für die Überweisung an die Gerichtskasse.

Halten Sie den beschriebenen Weg, vor allem die angeratenen Fristen genau ein; andernfalls entstehen Ihnen gravierende Nachteile. Vom Gericht nicht zugelassene Zahlungsweisen oder verspätete Überweisungen gelten im Termin als Nichtzahlung des Meistgebots. Es kommt dabei nicht auf den Zeitpunkt des tatsächlichen Zahlungseingangs bei der Gerichtskasse an, sondern allein auf den behördeninternen Nachweis der Einzahlung, der zum Verteilungstermin vorliegen muss. Eine Überweisung per „Blitzgiro" nur wenige Tage vor dem Termin genügt nicht! Fragen Sie kurz vor dem Verteilungstermin beim Rechtspfleger telefonisch nach, ob Ihre Zahlung angekommen ist. Wenn alles in Ordnung ist, können Sie auf eine Teilnahme am Termin selbst verzichten.

Über die Zuschlagsgebühr (rund 0,4 % des Meistgebots) geht Ihnen von der Gerichtskasse eine separate Rechnung zu.

Den Grunderwerbsteuerbescheid, den das zuständige Finanzamt auf der Grundlage des Zuschlagsbeschlusses automatisch erläßt (3,5 % des Meistgebots), erhalten Sie innerhalb von etwa sechs Wochen nach dem Zuschlag.

z.B.

Geschäfts-Nr.: 080 K 300/06
(Bitte bei allen Schreiben angeben)

AMTSGERICHT DÜSSELDORF

TERMINBESTIMMUNG

In dem Verfahren zur Zwangsversteigerung
einer Eigentumswohnung in Düsseldorf-Friedrichstadt

Grundbuchbezeichnung:

Grundbuch von Unterbilk Blatt 1234

765/10.000 Miteigentumsanteil an dem Grundstück
Gemarkung Unterbilk, Flur 9, Flurstück 246,
Gebäude- und Freifläche, Wasserstraße 20, Größe 614 m²
verbunden mit dem Sondereigentum an der Wohnung im 1. Obergeschoss rechts nebst einem Kellerraum im Kellergeschoss, im Aufteilungsplan mit **Nr. 4** bezeichnet

Eigentümer zu je 1/2 Anteil:
a) Karl König
b) Katrin König geborene Neu
beide wohnhaft Wasserstraße 20, 40468 Düsseldorf

wird **Termin zur Verteilung des Erlöses** bestimmt auf

Freitag, 15. Juni 2007, 11:00 Uhr

im Amtsgericht 40213 Düsseldorf, Mühlenstraße 34, 3. Obergeschoss, Zimmer A 300.

Düsseldorf, 20. April 2007
Müller-Rehbein
Rechtspflegerin

Ausgefertigt
Justizangestellte
als Urkundsbeamter der Geschäftsstelle

Amtsgericht Düsseldorf

z.B.

Amtsgericht Düsseldorf

Amtsgericht Düsseldorf • Postfach 10 11 40 • 40002 Düsseldorf

Mühlenstraße 34
40213 Düsseldorf
Telefon (0211) 83 06 - 0
Durchwahl (0211) 83 06 - ....
Telefax (0211) 83 06 - 2417 bzw. 83 06 - 162
Datum **20.04.2007**
Aktenzeichen (Bei Antwort bitte angeben)
80 K 300/06

Hubert Schneider
Narzissenweg 19

40881 Düsseldorf

Sehr geehrter Herr Schneider,

In dem Zwangsversteigerungsverfahren ./. **König**
(Objekt: Wohnung Nr. 4 im Hause Wasserstraße 20)

wird mitgeteilt, dass sich das im Verteilungstermin zu zahlende Meistgebot wie folgt berechnet:

a) bares Meistgebot	131.000,00 EUR
abzgl. bereits erbrachter Sicherheitsleistung	16.500,00 EUR
Rest	114.500,00 EUR
b) 4 % Zinsen daraus für die Zeit vom 20.04.2007 bis 14.06.2007 (= 56 Tage bei 365 Zinstagen p.a.)	702,68 EUR
noch zu zahlen:	**115.202,68 EUR**

✉ Nachtbriefkasten für fristgebundene Eingaben: Amts- und Landgericht, Mühlenstraße 34
(35 m rechts neben dem Eingang)
Öffentliche Verkehrsmittel Rheinbahn bis Haltestelle Heinrich-Heine-Allee:
Linien U 70 • U 74 • U 75 • U 76 • U 77 • U 78 • U 79 • 703 •706 •712 • 713 • 715 •717
Bankverbindung: Landeszentralbank Düsseldorf, Kto. 300 015 10, BLZ 300 000 00

Nach einer Gesetzesänderung zum 16.02.2007 haben Sie nur noch folgende Möglichkeiten der Zahlung:

- Überweisung auf das Konto der Gerichtskasse Düsseldorf Nr. 300 015 10 bei der Deutschen Bundesbank Filiale Düsseldorf (BLZ 300 000 00) unter Angabe des Verwendungszweckes **"Verwahrgeld Zwangsversteigerungsverfahren <u>080 K 300/06</u>"**.
  Die Überweisung auf das Konto der Gerichtskasse muss **<u>mindestens 2 Wochen vor dem Verteilungstermin</u>** veranlasst werden, damit die vom Gesetz vorgeschriebene schriftliche Buchungsbestätigung der Gerichtskasse dem Gericht im Verteilungstermin vorliegt.
  <u>Der rechtzeitige Eingang des Betrages auf dem Konto der Gerichtskasse reicht alleine nicht aus !</u>
  Verspätete Überweisungen müssen vom Gericht als Nichtzahlungen behandelt werden! Dies hat zur Folge, dass vollstreckbare Forderungen gegen Sie entstehen und Sicherungshypotheken in das Grundbuch eingetragen werden.

- Bareinzahlung am Schalter der Gerichtskasse Düsseldorf
  (Fritz-Roeber-Straße 2, 40213 Düsseldorf, Montags bis Freitags in der Zeit von 8:30 bis 12:30 Uhr)
  und Übergabe der erhaltenen Quittung an das Versteigerungsgericht spätestens im Verteilungstermin

Sie können sich von der Verzinsungspflicht befreien, wenn Sie das Bargebot bei Gericht unter Verzicht auf die Rücknahme hinterlegen. Dazu müssen Sie ausdrücklich bei der <u>Hinterlegungsstelle</u> des Amtsgerichts einen entsprechenden Antrag stellen. Die einfache Überweisung des Betrages auf das Konto der Gerichtskasse reicht dazu nicht aus.

Claßen-Kövel
Rechtspflegerin
(Dieses Schreiben wurde maschinell erstellt und ist ohne Unterschrift gültig.)

Die Finanzierung des Meistgebots

Welche Unterlagen Sie benötigen

Da Sie in der Regel einen großen Teil des Meistgebots finanzieren müssen und Ihnen dazu bis zum Verteilungstermin nur rund sechs bis acht Wochen Zeit bleiben, sollten Sie unmittelbar nach dem Zuschlag damit beginnen, das Gespräch mit Ihrem Kreditinstitut vorzubereiten und die dafür notwendigen Unterlagen zu beschaffen. Neben Nachweisen über Ihre persönlichen Vermögensverhältnisse, wie laufendes Einkommen und Eigenkapital, möchte Ihre Bank zahlreiche objektbezogene Finanzierungsunterlagen sehen, die wir in der nachstehenden Checkliste zusammengestellt haben:

Checkliste: Diese Unterlagen benötigen Sie für die finanzierende Bank

> eine Ausfertigung des Zuschlagsbeschlusses, der Sie als neuen Eigentümer ausweist und außerdem den Grundbuchauszug ersetzt.

> das Ersteheranschreiben des Gerichts, in dem das im Verteilungstermin zu zahlende Meistgebot unter Anrechnung der Sicherheitsleistung zuzüglich der Gebotszinsen errechnet und die Zahlungsmöglichkeiten genannt sind.

> die Verteilungsterminbestimmung, aus der sich ergibt, wieviel Zeit Ihre Bank und Sie für die Finanzierung bis zur Darlehensauszahlung haben.

> eine Kopie des gerichtlichen Verkehrswertgutachtens, die Sie entweder kostenlos vom betreibenden Gläubiger oder auf Antrag vom Gericht erhalten; häufig wird der Terminvertreter des betreibenden Gläubigers sogar im Anschluss an den Versteigerungstermin bereit sein, Ihnen seine Ausfertigung des Gutachtens zu überlassen.

> beim Erwerb eines Grundstücks einen Auszug aus dem Liegenschaftskataster, den Sie auf Antrag beim Katasteramt erhalten, wenn er nicht bereits als Anlage zum Verkehrswertgutachten vorliegt.

> einen Nachweis über das Bestehen einer Gebäudeversicherung.

> beim Erwerb einer Eigentumswohnung eine Kopie der Teilungserklärung, die Ihnen auf Anfrage der WEG-Verwalter oder das Grundbuchamt gegen Erstattung der Schreibauslagen zukommen lassen.

> auf Verlangen des Finanzierungsinstituts müssen Sie einen Beleg über die gezahlte Grunderwerbsteuer vorlegen, damit die Eintragung des Finanzierungsrechts nach der Berichtigung des Grundbuchs gewährleistet ist. Liegt der Bescheid noch nicht vor, können Sie Ihrer Bank notfalls anbieten, dass Sie die Grunderwerbsteuer später selbst aus dem Darlehen an das Finanzamt überweist.

Der Zuschlagsbeschluss ist Ihr alleiniger Eigentumsnachweis. Ein Grundbuchauszug eignet sich für die finanzierende Bank als Nachweis nicht. Das Grundbuch weist immer noch den Schuldner als Eigentümer aus und enthält alle, auch die erloschenen Belastungen. Erst wenn es im Anschluss an den Verteilungstermin berichtigt ist, kann das Geldinstitut seine Beleihungsunterlagen durch einen aussagefähigen Grundbuchauszug vervollständigen.

Das Eigentum ist zwar bereits durch den Zuschlag unabhängig von der Zahlung des Meistgebots auf Sie übergegangen. Im Grundbuch werden Sie erst dann als neuer Eigentümer eingetragen, wenn Sie das Meistgebot vollständig gezahlt haben. Auch die Grundbucheintragung von Grundschulden, die Sie zur Finanzierung des Meistgebots bei einem Notar bestellen, kann daher erst nach dem Verteilungstermin erfolgen. Ihre Bank muss also entgegen ihrer üblichen Praxis das Darlehen bereits zum Verteilungstermin und damit vor der Grundbucheintragung ihrer Grundschuld auszahlen. Das überfordert viele unerfahrene Kreditsachbearbeiter, weil sie die gesetzliche Regelung des §130 Absatz 3 ZVG nicht kennen.

Danach kann nämlich der Notar, der Ihre Grundschuld beurkundet, den Antrag auf Eintragung des Finanzierungsrechts bereits vor Berichtigung des Grundbuchs rangwahrend beim Grundbuchamt einreichen. Das Grundbuch versieht den Antrag mit einem Eingangsstempel und bewahrt ihn so lange auf, bis das Eintragungsersuchen des Versteigerungsgerichts eintrifft.

Weisen Sie bei Problemen daher Ihren Kreditsachbearbeiter oder Notar auf folgende Sonderregelung hin:

Die rangwahrende Antragstellung gemäß § 130 Absatz 3 ZVG ersetzt vorläufig die Eintragung des Finanzierungsrechts im Grundbuch.

Hat der Notar den Antrag abgegeben, und liegt dem Grundbuchamt nicht bereits ein weiterer Eintragungsantrag vor, kann er Ihrer Bank das zur Auszahlung des Darlehens erforderliche Rangattest erteilen. Wir haben leider die Erfahrung machen müssen, dass kleinere Kreditinstitute und unerfahrene Sachbearbeiter mit den Besonderheiten der Meistgebotsfinanzierung häufig nicht vertraut sind. Und das kann zum Scheitern Ihrer Finanzierung und damit zu unangenehmen Folgen für Sie führen.

Diese Grundsätze müssen Sie beachten

Um Ihre Interessen und die Interessen der Bank zu wahren und dennoch eine rechtzeitige Auszahlung des Darlehens zum Verteilungstermin zu gewährleisten, muss Ihr Kreditsachbearbeiter daher die folgenden Grundsätze beachten:

1. Das Eigentum an dem zu beleihenden Objekt ist außerhalb des Grundbuchs durch Zuschlagsbeschluss auf Sie als Ersteher übergegangen. Als Eigentumsnachweis genügt daher eine Ausfertigung des Zuschlagsbeschlusses.

2. Einen Grundbuchauszug benötigt auch der Notar, der die Bestellung der Finanzierungsgrundschuld beurkundet, nicht. Das Beleihungsobjekt ist im Zuschlagsbeschluss übereinstimmend mit dem derzeitigen Grundbuchstand bezeichnet.

3. Die von Ihnen als Ersteher übernommenen Rechte, die dem Finanzierungsrecht im Range vorgehen, sind im Zuschlagsbeschluss aufgeführt. Bleiben keine Rechte bestehen, ist eine Beleihung an bester Rangstelle möglich.

4. Ein Beleihungsgutachten ist völlig unnötig, wenn Sie als Ersteher die Kopie eines gerichtlichen Verkehrswertgutachtens neueren Datums vorlegen. In dem viel ausführlicheren Gerichtsgutachten hat ein vereidigter Sachverständiger den Verkehrswert nach den gel-

tenden Bewertungsmethoden ermittelt. Die Kosten für ein weiteres Kurzgutachten Ihrer Bank dürfen daher nicht zu Ihren Lasten gehen. Verhandeln Sie darüber mit Ihrer Bank!

5. Die Eintragung der Grundschuld im Grundbuch kann grundsätzlich erst nach der Auszahlung des Darlehens erfolgen. Der vom Notar beim Grundbuchamt eingereichte Antrag wirkt jedoch rangwahrend und sichert bis zur Berichtigung des Grundbuchs eine ranggemäße Eintragung.

6. Die Zahlung der Grunderwerbsteuer können Sie ihrer Bank bis zur Auszahlung des Darlehens im Normalfall nicht nachweisen, weil Ihnen der Grunderwerbsteuerbescheid noch nicht vorliegt. Besteht Ihre Bank auf einer Sicherstellung, muss sie die Grunderwerbsteuer bei Fälligkeit aus dem Darlehen überweisen.

7. Falls Sie oder Ihre Bank die rechtzeitige Überweisung versäumt haben, klären Sie durch einen Anruf bei Versteigerungsgericht oder Gerichtskasse, ob eine Bareinzahlung am Kassenschalter noch akzeptiert wird. In diesem Fall kann auch ein Vertreter der Bank das Geld überbringen. Dadurch ist die zweckgemäße Verwendung des Darlehens sichergestellt.

8. Finanziert Ihre Bank nur einen Teil des Meistgebots, sollte sie die Zahlung des Restbetrages überwachen.

9. Die für eine Überweisung des Meistgebots vom Gericht gesetzten Fristen sowie die Konto- und Verwendungszweckangaben sind von Ihrer Bank unbedingt einzuhalten, andernfalls drohen Ihnen empfindliche Nachteile.

Wiederversteigerung – Wie Sie Schlimmeres verhindern

Gelingt Ihnen die Finanzierung nicht vollständig und rechtzeitig, macht der Rechtspfleger Sie zum neuen Schuldner der Banken, die etwas aus dem Meistgebot erhalten hätten. Er trägt für die Gläubiger des Verfahrens in der Rangfolge ihrer Ansprüche Sicherungshypotheken in das Grundbuch ein.

Die Gläubiger dieser Sicherungshypotheken können gegen Sie bereits aufgrund einer vollstreckbaren Ausfertigung des Zuschlagsbeschlusses die Zwangsvollstreckung betreiben. Zahlen Sie also das Meistgebot nicht, sind Sie dem sofortigen Vollstreckungszugriff der Gläubiger ausgesetzt.

Vollstrecken können die Gläubiger entweder in Ihr gesamtes sonstiges Vermögen oder in das von Ihnen ersteigerte Objekt. Dieses Verfahren, das gegen Sie angeordnet wird, nennt der Jurist „Wiederversteigerung".

Praxis-Tipp: Zahlen Sie das Meistgebot unbedingt rechtzeitig , da die Gläubiger ansonsten unter erleichterten Voraussetzungen ein Wiederversteigerungsverfahren gegen Sie einleiten können. Sehen Sie sich zu rechtzeitiger Zahlung außerstande, sollten Sie den Rechtspfleger und den betreibenden Hauptgläubiger informieren und gleichwohl zum Verteilungstermin erscheinen.

Haben Sie keine Sicherheit geleistet, wird die spätere Abwicklung erheblich erleichtert, wenn Sie zumindest den Teil des Meistgebots zahlen, der auf Verfahrenskosten und Grundsteuer entfällt.

Den Verteilungstermin kann das Gericht grundsätzlich nicht vertagen. Verspätete Einzahlungen und Überweisungen nimmt der Versteigerungsrechtspfleger daher auch nicht mehr an, Sie erhalten das Geld zurück. In diesem Fall sollten Sie und Ihre finanzierende Bank am besten einen Notar mit der Abwicklung beauftragen. Sind die Sicherungshypotheken bereits im Grundbuch eingetragen gleicht der Notar die Ansprüche der Gläubiger gegen Erteilung einer Löschungsbewilligung aus. Die Kosten für Eintragung und Löschung der Sicherungshypotheken im Grundbuch tragen allein Sie.

Sind die Sicherungshypotheken noch nicht im Grundbuch eingetragen, kann der Notar die aus dem Teilungsplan ersichtlichen Forderungen der Gläubiger befriedigen, wenn diese in öffentlich beglaubigter Form auf die Eintragung einer Sicherungshypothek für die übertragene Forderung verzichten. Das Versteigerungsgericht berücksichtigt die ihm vorgelegten Verzichtserklärungen bei seinem Ersuchen an das Grundbuchamt. Weitere Grundbuchkosten entstehen Ihnen dann nicht.

Praxis-Tipp: Ihr Notar sollte seine Vorgehensweise mit dem Versteigerungsgericht abstimmen. Holt er Verzichtserklärungen ein, wird der Rechtspfleger bereit sein, das Grundbuchersuchen für einen gewissen Zeitraum zurückzustellen.

Liegenbelassen – Eine günstige Alternative

Als kostengünstige Alternative können Sie auch ein durch Zuschlag erloschenes Grundpfandrecht zur Finanzierung des Meistgebots einsetzen. Ein solches Recht bleibt bestehen, wenn Sie mit dem eingetragenen Gläubiger das „Liegenbelassen" vereinbaren.

Diese Vereinbarung kann sich auf das gesamte Kapital oder einen Teilbetrag erstrecken, wobei die seinerzeit vereinbarten Konditionen (zum Beispiel Zinssatz, Fälligkeiten) nicht verändert werden dürfen.

Praxis-Tipp: Soll das Liegenbelassen vereinbart werden, müssen Sie vor dem Verteilungstermin beim Rechtspfleger nachfragen, welche Auswirkungen die Vereinbarung auf die Höhe des zu zahlenden Meistgebots hat und welchen Betrag Sie noch zahlen müssen.

Die Liegenbelassungsvereinbarung können Sie und die Bank entweder im Verteilungstermin zu Protokoll erklären oder durch öffentlich beglaubigte Urkunden nachweisen. Denkbar ist auch, dass nur der Gläubiger in öffentlich beglaubigter Form das Liegenbelassen erklärt und Sie im Verteilungstermin der Erklärung beitreten. Bei dieser Variante der Meistgebotsfinanzierung entfallen die Grundbuchkosten für die Bestellung des Finanzierungsrechts, und es entstehen für die Beglaubigung der Urkunden nur geringfügige Notarkosten.

Kapitel 5
Fallstricke vermeiden – Wie Sie sich vor bösen Überraschungen schützen

Mietvertrag und Kündigung

Ist Ihr Versteigerungsobjekt vermietet oder verpachtet, treten Sie wie ein Käufer in die Miet- und Pachtverträge ein und übernehmen die sich daraus ergebenden Rechte und Pflichten. Der Grundsatz „Kauf bricht nicht Miete“ läßt sich also auf das Zwangsversteigerungsverfahren übertragen: Der Zuschlag berührt bestehende Mietverhältnisse grundsätzlich nicht. Eine Regelung, die Ihnen als Kapitalanleger kein Kopfzerbrechen bereitet (Ausnahme: Haftung für die Kaution, vgl. Kapitel 4). Als potentieller Selbstnutzer müssen Sie sich aber mit den vertraglichen und gesetzlichen Kündigungsmöglichkeiten befassen. Ihr Vorteil: Das Gesetz gewährt Ihnen in der Versteigerung gemäß § 57a ZVG ein Ausnahmekündigungsrecht.

Danach sind Sie berechtigt, alle Miet- oder Pachtverträge unter Einhaltung der gesetzlichen Kündigungsfrist zum nächsten zulässigen Termin zu kündigen. Was bedeutet diese Regelung für Sie?

Grundsätzlich ist die Kündigung bei einem Mietvertrag über Wohnraum spätestens am dritten Werktag eines Kalendermonats für den Ablauf des übernächsten Monats zulässig. Hätten Sie Ihre Wohnung gekauft und nicht ersteigert, würde sich diese Kündigungsfrist unter Umständen erheblich verlängern, wenn der Mieter Ihr Objekt schon länger als fünf Jahre bewohnt. Bei einem Zeitmietvertrag über mehrere Jahre müssten Sie sogar die vereinbarte Mietzeit abwarten, bevor Sie kündigen könnten.

Anders jedoch in der Versteigerung: Da die Ausnahmekündigung gemäß § 57 a ZVG eine außerordentliche Kündigung mit gesetzlicher

Frist darstellt, verlängert sich die Kündigungsfrist nicht durch eine längere Mietdauer Ihres Mieters. Die einzuhaltende Frist beträgt daher auch dann immer nur drei Monate, wenn das Mietverhältnis länger als fünf Jahre besteht.

Der zeitliche Vorteil für Ihre Kündigung mit der kurzen Dreimonatsfrist gilt selbst dann, wenn ein Zeitmietvertrag vorliegt, der noch etliche Jahre Restlaufzeit hat!

Aber Achtung: Sie können das Ausnahmekündigungsrecht nur zum ersten gesetzlich zulässigen Termin ausüben. Halten Sie diesen Termin nicht ein, dürfen Sie danach nur noch vertragsgemäß kündigen; Ihr Sonderkündigungsrecht ist dann ausgeschlossen. Der erste gesetzlich zulässige Termin gilt ab Wirksamkeit des Zuschlags, nicht ab dessen Rechtskraft. Sie müssen die Kündigung daher grundsätzlich bereits zu dem auf die Zuschlagsverkündung folgenden dritten Werktag eines Monats aussprechen, wobei es für diese Frist auf den Zugang Ihrer Kündigung ankommt. Liegt der Zuschlag nur wenige Tage vor dem zulässigen Kündigungstermin, gesteht die Rechtsprechung Ihnen aber eine gewisse Zeit zu, um die Namen der Mieter zu ermitteln und die Rechtslage zu prüfen.

Beispiel 1:

Zuschlag: 19.09.2007

Lösung: Die Kündigung muss spätestens zugehen am 04.10.2007

(das ist der 3. Werktag, da die Frist an einem Sonn- oder

Feiertag nicht enden kann)

Die Kündigung wird dann wirksam zum 31.12.2007

Beispiel 2

Zuschlag: Montag, 03.05.2007

Lösung: Die Kündigung müßte spätestens zugehen am Dienstag, 04.05.2007. Das ist nicht zu schaffen! Die Zivilgerichte räumen Ihnen in diesem Fall Frist ein bis zum 04.06.2007. Die Kündigung wird dann wirksam zum 31.08.2007.

Aber Vorsicht: Im Streitfall müssen Sie nachweisen, dass die rechtzeitige Kündigung unmöglich war.

Praxis-Tipp: Findet der Versteigerungstermin nur wenige Tage vor dem ersten zulässigen Kündigungstermin statt, sollten Sie als Meistbietender, der sein Ausnahmekündigungsrecht ausüben will, nach Schluss der Bietstunde die Aussetzung der Zuschlagserteilung beantragen und mit Hilfe des Gläubigers auf einen Verkündungstermin nach dem dritten Werktag des Monats hinwirken. Dann haben Sie für die fristgerechte Kündigung hinreichend Zeit.

Bei Mietverhältnissen über Wohnraum steht Ihr Ausnahmekündigungsrecht jedoch unter dem Vorbehalt des Mieterkündigungsschutzes:

Sie brauchen in jedem Fall einen Kündigungsgrund und können nur dann mit Erfolg nach § 57 a ZVG kündigen, wenn Sie ein berechtigtes Interesse nachweisen. Kündigungsgrund könnte sein: begründeter Eigenbedarf oder eine Behinderung angemessener Verwertung.

Ihr Mieter könnte der Kündigung spätestens zwei Monate vor der Beendigung des Mietverhältnisses schriftlich widersprechen und eine Fortsetzung des Mietverhältnisses verlangen.

Fazit: Das Ausnahmekündigungsrecht setzt also wie eine normale Kündigung einen Kündigungsgrund voraus. Es verschafft Ihnen nur einen zeitlichen Vorteil, weil es Sie von vertraglich vereinbarten oder kraft Gesetz verlängerten Kündigungsfristen entbindet.

Mietverträge müssen Sie stets schriftlich kündigen und in dem entsprechenden Schreiben die Gründe der Kündigung angeben. Ferner ist auf das Ausnahmekündigungsrecht und auf die Möglichkeit des Widerspruchs sowie auf Form und Frist dieses Widerspruchs hinzuweisen. Folgt der Mieter der Kündigung nicht oder legt Widerspruch ein, müssen Sie Räumungsklage erheben und ein Räumungsurteil erstreiten.

Wichtig für Sie ist, den fristgerechten Zugang Ihrer Kündigung nachweisen zu können.

Praxis-Tipp: Da Sie das Ausnahmekündigungsrecht nur zum ersten zulässigen Termin ausüben können und den Zugang der Kündigung bis zu diesem Termin nachweisen müssen, sollten Sie sicherheitshalber einen Gerichtsvollzieher mit der Zustellung des Kündigungsschreibens beauftragen. Bei Abwesenheit des Mieters gilt die Kündigung nämlich nur bei einer Zustellung durch den Gerichtsvollzieher als zugegangen.

Ausschluss des Ausnahmekündigungsrechts

Stellen Sie sich lieber nicht vor, als potentieller Selbstnutzer eine vermietete Wohnung ersteigert zu haben und nach dem Zuschlag festzustellen, dass Ihr Ausnahmekündigungsrecht ausgeschlossen ist und Sie daher Jahre auf Ihren Einzug warten müssen.

Daher Vorsicht: Es gibt zwei Fälle, in denen Sie sich als Ersteher nicht auf den zeitlichen Vorteil einer Ausnahmekündigung berufen können:

1. In Teilungsversteigerungsverfahren gilt § 57 a ZVG generell nicht.

2. Ist das Versteigerungsobjekt eine Altbaumietwohnung, die erst nach der Vermietung an den jetzigen Mieter in eine Eigentumswohnung umgewandelt wurde, kann Ihr Ausnahmekündigungsrecht maximal bis zum 31.12.2009 ausgeschlossen sein. Die Frist beginnt mit dem ersten Verkauf der Eigentumswohnung an den Schuldner oder seinen Vorgänger. Um herauszufinden, ob Sie das Ausnahmekündigungsrecht ausüben können, müssen Sie durch Einsicht in den Grundbuchauszug ermitteln,
   - wann die Teilung in Wohnungseigentum erfolgte (siehe Bestandsverzeichnis) und
   - wann der Schuldner oder sein Vorgänger Eigentümer geworden ist (siehe Abteilung I).

Versuchen Sie auch herauszufinden, ob ab diesem Zeitpunkt bereits ein Mieterwechsel stattgefunden hat. Ist der Mieter, der zum Zeitpunkt der Teilung die Wohnung bewohnte, bereits ausgezogen, können Sie Ihr Kündigungsrecht vorbehaltlos ausüben.

In der Vergangenheit (bis zum 31.01.2007) konnte das Ausnahmekündigungsrecht des Erstehers unter Umstände für längere Zeit nicht ausgeübt werden, wenn ein Mieter oder Pächter sogenannte abwohnbare Mietvorauszahlungen oder verlorene Baukostenzuschüsse an den Eigentümer geleistet und zum Verfahren angemeldet hatte.

Diese Regelung, die aus der Zeit nach dem 2. Weltkrieg stammte, wurde jetzt vollständig aufgehoben, so dass Mieterleistungen das Kündigungsrecht des Erstehers nicht mehr beschränken. Missbrauchsversuchen böswilliger Eigentümer im Zusammenwirken mit ihren Mietern zur Verhinderung der Versteigerung ist daher jetzt ein Riegel vorgeschoben.

Als Ersteher können Sie allerdings die Miete des laufenden Zuschlagsmonats (bei Zuschlag nach dem 15. auch die des Folgemonats) nicht vereinnahmen, wenn der Mieter sie schon im Voraus an den bisherigen Eigentümer (Schuldner) gezahlt hat.

Räumung des Schuldners

Wird das Objekt vom Schuldner selbst und seiner Familie bewohnt, müssen Sie keinen zeit- und kostenaufwendigen Räumungsprozess führen. Bereits der Zuschlagsbeschluss ist ein Räumungstitel gegen den Schuldner (§ 93 Absatz 1 ZVG). Die Räumung setzt lediglich voraus, dass der Zuschlagsbeschluss mit einer Vollstreckungsklausel versehen ist und vor Beginn oder gleichzeitig mit der Vollstreckung dem Schuldner zugestellt wird: Diese so genannte Räumungsklausel können Sie beim Versteigerungsgericht kostenfrei beantragen. Auch Formen und Fristen müssen Sie nicht einhalten. Der Antrag ist sogar schon vor der Rechtskraft des Zuschlagsbeschlusses und vor Ihrer Zahlung des Meistgebots zulässig.

Praxis-Tipp: Eine Räumungsklausel zum Zuschlagsbeschluss brauchen Sie erst dann, wenn der Schuldner das Objekt nicht freiwillig räumt. Den Antrag sollten Sie daher nicht schon direkt nach Zuschlagsverkündung im Versteigerungstermin stellen. Warten Sie auch aus Gründen der Rechtssicherheit mit einer Zwangsräumung besser ab, bis der Zuschlag rechtskräftig geworden ist.

Für die Zustellung des Titels als Voraussetzung der Räumungsvollstreckung genügt es, wenn das Gericht gleichzeitig mit der Räumungsklausel auch den Zeitpunkt der bereits von Amts wegen veranlaßten Zustellung des Zuschlagsbeschlusses an den Schuldner bescheinigt. Der Beamte erteilt Ihnen die Räumungsklausel aber nur dann, wenn der Besitz des Schuldners bei Gericht „offenkundig" (also zuverlässig bekannt) ist oder Sie ihn durch öffentliche oder öffentlich beglaubigte Urkunden (zum Beispiel Bescheinigungen des Einwohnermeldeamts oder des Gerichtsvollziehers) nachweisen können.

Antragsmuster: Ihr Antrag müßte daher wie folgt lauten:

„Hiermit beantrage ich die Erteilung einer vollstreckbaren Ausfertigung des Zuschlagsbeschlusses zum Zwecke der Räumung und Herausgabe des Grundstücks gegen den Schuldner . . . . (§ 93 Absatz 1 ZVG). Den Zeitpunkt der bereits erfolgten Zustellung des Beschlusses an den Schuldner bitte ich auf der vollstreckbaren Ausfertigung zu bescheinigen. Der Besitz des Schuldners ist dort offenkundig."

Die auf Ihren Antrag erteilte Vollstreckungsklausel wirkt nicht nur gegen den Schuldner, sondern auch gegen Familienangehörige und andere Mitbewohner, die ihr Recht zum Besitz nur vom Schuldner ab

leiten. Diese Personen kann das Gericht auf entsprechenden Antrag und Nachweis in der Räumungsklausel auch namentlich mit aufführen.

Mit diesem Räumungstitel ausgestattet, können Sie jetzt den zuständigen Gerichtsvollzieher mit der Räumung beauftragen. Für die Räumungskosten muss grundsätzlich der Vollstreckungsschuldner aufkommen. Sie haften dafür jedoch als Auftraggeber und sind vorschusspflichtig. Einen Räumungstermin wird der Gerichtsvollzieher daher nur festsetzen, wenn Sie zuvor einen Kostenvorschuß gezahlt haben.

Der Schuldner kann sich gegen die Räumung nur mit einem Vollstreckungsschutzantrag gemäß § 765 a ZPO zur Wehr setzen, wenn die Vollstreckung „wegen ganz besonderer Umstände eine Härte bedeutet, die mit den guten Sitten nicht vereinbar ist". Nach dieser Härteklausel ist ein Aufschub allein in besonderen Ausnahmefällen möglich (zum Beispiel nachgewiesene akute Erkrankung oder fortgeschrittene Schwangerschaft; Vorlage eines Mietvertrags, der kurzfristig nach dem angesetzten Räumungstermin beginnen soll).

Praxis-Tipp: Sie sollten mit allen Mitteln versuchen, eine Zwangsräumung zu vermeiden. Deren Kosten, die bei einem Einfamilienhaus durchschnittlicher Größe häufig mehr als 4.000 EUR betragen, können Sie vom meist zahlungsunfähigen Schuldner praktisch nicht zurück erhalten. Gewähren Sie lieber eine großzügige Räumungsfrist, anstatt Kosten, Verdruss und Zeitverzögerung, die mit einer Zwangsräumung verbunden sind, auf sich zu nehmen. Die Praxis zeigt, dass in solchen Fällen der Gerichtsvollzieher fast immer überflüssig ist.

Wohngeldnachzahlung – Nicht mehr als nötig

Sind Sie Eigentümer einer Eigentumswohnung, tragen Sie vom Zuschlag an auch die Kosten der Instandhaltung, Instandsetzung, der Verwaltung und des Gebrauchs des Gemeinschaftseigentums nach dem Verhältnis Ihres Anteils. Der bestellte WEG-Verwalter erhebt für diese Kosten monatlich so genanntes Wohngeld (auch Hausgeld), für das Sie von diesem Zeitpunkt an haften. Die Höhe des auf Sie entfallenden Wohngeldes ergibt sich aus dem zuletzt verabschiedeten Wirtschaftsplan. Ihre monatliche Zahlungsverpflichtung stellt einen Vorschuss auf die im Wirtschaftsjahr anfallenden Gesamtkosten der Gemeinschaft dar.

Rückstände von Wohngeld aus der Zeit vor dem Zuschlag treffen Sie selbst dann nicht, wenn dies ausdrücklich in der Teilungserklärung so bestimmt ist. Ein entsprechender Beschluss der Wohnungseigentümergemeinschaft verstößt gegen eine der gesetzlichen Versteigerungsbedingungen und ist daher nichtig. Gleichwohl könnte sich für Sie aus einem anderen Grund eine Nachzahlungspflicht ergeben. Das als Vorschuss gezahlte Wohngeld wird erst nach Ablauf des Wirtschaftsjahres abgerechnet und den einzelnen Einheiten anteilig zugeordnet. Ergeben sich Defizite, müssen die einzelnen Miteigentümer sich nach einem entsprechenden Beschluss der Wohnungseigentümergemeinschaft ausgleichen. Nach der jetzt geltenden Rechtsprechung haften Sie jedoch, wenn die Gemeinschaft nach Ihrem Erwerb durch Zuschlag über Nachzahlungspflichten beschließt, nur für die so genannte Abrechnungsspitze. Darunter verstehen die Juristen die Restforderung, die sich aus der Differenz zwischen den tatsächlichen Ausgaben und den nach Wirtschaftsplan zu leistenden Wohngeldvorschüssen ergibt. Dabei kommt es nicht darauf an, ob der Schuldner als Ihr Vorgänger diese Wohngeldvorauszahlungen tatsächlich geleistet hat oder nicht.

Eine korrekte Abrechnung eines WEG-Verwalters für den Fall der Versteigerung im laufenden Wirtschaftsjahr könnte wie auf der folgenden Seite abgebildet aussehen:

Der WEG-Verwalter muss danach von dem auf Sie entfallenden Anteil der Gesamtkosten nicht nur die tatsächlich geleisteten Wohngeldvorschüsse, sondern für die Zeit vor Zuschlag das Gesamtsoll der fälligen Wohngelder in Abzug bringen. Bezieht der Verwalter dennoch vom Schuldner nicht geleistete Vorauszahlungen (in unserem Beispiel 750 EUR) in Ihre Zahlungspflicht ein, können Sie auf einer Korrektur bestehen. Nach einer Entscheidung des Bundesgerichtshofs haften Sie selbst dann nicht, wenn die Gemeinschaft über Ihre Nachzahlungsverpflichtung Beschluss gefasst hat und Sie diesen Beschluss nicht angefochten haben.

Jahresabrechnung 2006 vom 20.02.2007

tatsächliche Ausgaben der Gemeinschaft im Wirtschaftsjahr 2006 (auf die Aufschlüsselung der Einzelpositionen können wir hier verzichten)	14.935,00 EUR
Anteil Ihrer durch Zuschlag am 18.08.2006 ersteigerten Wohnung: 126,39/1.000 (Miteigentumsanteil laut Grundbuch):	1.887,63 EUR
anzurechnen: Wohngeldvorschüsse (monatlich 150,00 EUR)	
a) Monate Januar bis März 2006 (vom Schuldner bezahlt)	450,00 EUR
b) Monate April bis August 2006 (vom Schuldner nicht gezahlt)	750,00 EUR
c) Monate September bis Dezember 2006 (von Ihnen als Ersteher gezahlt)	600,00 EUR
Summe	1.800,00 EUR
Abrechnungsspitze, für die Sie als Ersteher aufgrund eines Beschlusses der Gemeinschaft aufkommen müssen	87,63 EUR

Allerdings muss die gesamte Gemeinschaft noch den Betrag der Vorauszahlungen, die der Schuldner nicht geleistet hat (im Beispiel 750,00 EUR), kompensieren. Dazu werden Sie als Ersteher wiederum mit dem Anteil Ihrer Wohnung herangezogen, also nochmals 126,39/1.000 = 94,79 EUR. Da insoweit die Solidargemeinschaft aller Wohnungseigentümer eintreten muss, kommen im Normalfall von dieser Seite keine allzu hohen Nachzahlungsbeträge auf Sie zu.

Was sind Teilungsversteigerungen?

Immer häufiger lesen Sie in den Terminveröffentlichungen „Zwangsversteigerung zum Zwecke der Aufhebung der Gemeinschaft“ oder kurz „Teilungsversteigerung“.

Bei dieser Variante der Zwangsversteigerung stellt einer von mehreren Miteigentümern den Versteigerungsantrag, weil sich die Eigentümergemeinschaft über einen freihändigen Verkauf der Immobilie nicht einigen kann. Hintergrund des Verfahrens ist daher nicht die finanzielle Notlage des Eigentümers, sondern die Tatsache, dass sich mehrere Eigentümer nicht auf eine Verwertung der Immobilie einigen können.

Etliche Teilungsversteigerungen resultieren aus Ehescheidungen. Aber auch die jetzige „Generation der Erben“ erheblicher Immobilienvermögen ist für den Anstieg der Teilungsversteigerungen bei den Amtsgerichten mit verantwortlich. Der Gang zum Versteigerungsrechtspfleger ist für den Miteigentümer einer zerstrittenen Gemeinschaft oft der einzige Ausweg. Denn ein freihändiger Verkauf über einen Notar scheitert an der Mitwirkung aller Eigentümer.

Der Rechtspfleger ordnet das Verfahren zum Zweck der Aufhebung der Gemeinschaft an, um den unteilbaren Vermögenswert Immobilie in eine teilbare Vermögensmasse, nämlich Geld, zu verwandeln. Durch die Versteigerung wird dabei nur die Auseinandersetzung der Eigentümergemeinschaft vorbereitet, denn der Erlösüberschuss steht allen ehemaligen Eigentümern gemeinschaftlich zu, bis sie sich über dessen Aufteilung einigen.

Grundsätzlich läuft ein Versteigerungsverfahren – gleichgültig, ob es sich um eine Vollstreckung wegen einer Geldforderung oder um die Durchsetzung des Auseinandersetzungsanspruchs handelt – nach den selben Regeln ab. Auch die Durchführungsphasen des Verfahrens sind identisch, entsprechen also den in Kapitel 2 geschilderten Abläufen.

Für Teilungsversteigerungsverfahren gelten im Prinzip alle Regeln und Vorschriften, die auch für Vollstreckungsversteigerungen Anwendung finden. Allerdings gibt es einige gravierende Besonderheiten, die die Teilungsversteigerung zu einem Verfahren eigener Art machen.

Jeder Miteigentümer kann ohne Weiteres die Durchführung des Teilungsversteigerungsverfahrens beantragen. Ein formloser Antrag an das Versteigerungsgericht genügt, Vollstreckungstitel oder Begründung sind nicht erforderlich.

Die Parteien heißen Antragsteller und Antragsgegner, wobei alle Miteigentümer beide Rollen gleichzeitig einnehmen können, nämlich dann, wenn ein Miteigentümer den Anordnungsbeschluss erwirkt und der andere später dem Verfahren beitritt. Machthaber im Verfahren sind also stets die aktiv betreibenden Miteigentümer, während die Gläubigerbanken nur eine untergeordnete Rolle spielen, meist ohne Einflussmöglichkeit auf den Zuschlag.

Die Teilungsversteigerung folgt eigenen Regeln bei der Aufstellung des geringsten Gebots, also der rechnerischen Größe, die nicht unterschritten werden darf, wenn Ihr Gebot wirksam sein soll. In der Vollstreckungsversteigerung richtet es sich bekanntlich nach dem bestrangigen betreibenden Gläubiger. Diese Funktion übernimmt in der Teilungsversteigerung der Antragsteller mit seinem sozusagen „letztrangigem" Auseinandersetzungsanspruch. Dadurch bleiben häufig alle im Grundbuch eingetragenen Rechte bestehen und müssen von Ihnen als Ersteher übernommen werden.

Für Schnäppchenjäger sind Teilungsversteigerungsverfahren – nicht nur wegen der bestehen bleibenden Rechte – deutlich weniger interessant, denn mindestens einer der Miteigentümer ist zumeist daran interessiert, das Objekt selbst zu ersteigern. Miteigentümer aus dem Feld zu schlagen ist aber schwierig oder besser gesagt teuer, denn diese „bieten im eigenen Geld", weil sie schon an der Immobilie beteiligt sind. Außerdem treiben sich die verfeindeten Parteien oft gegenseitig hoch. Meistgebote über Verkehrswert sind für Teilungsversteigerungen deshalb keine Seltenheit. In der Vollstreckungsversteigerung ist ein Billigerwerb häufiger möglich, zum Beispiel dann, wenn sich die Gesamtforderung des betreibenden Gläubigers unterhalb des Verkehrswertes bewegt.

Erhält ein Miteigentümer den Zuschlag, hat er Ihnen gegenüber auch finanzielle Vorteile: Sowohl bei der Berechnung der Grunderwerbsteuer (3,5 % des Meistgebots), als auch bei der Ermittlung der Zuschlagsgebühr des Versteigerungsgerichts bleibt sein Anteil an der Immobilie, der ihm schon vorher zustand, außer Betracht.

Allerdings muss auch ein ehemaliger Miteigentümer das gesamte Meistgebot zahlen, sofern sich die Mitglieder der Gemeinschaft nicht über die Verteilung des Erlösüberschusses einig sind. Er darf nicht etwa seinen Anteil am Grundstück vorher abziehen, denn das würde der Auseinandersetzung vorgreifen.

In der Vollstreckungsversteigerung erwirbt der Ersteher durch den Zuschlag das Recht, alle Miet- und Pachtverträge (erstere natürlich nur bei Vorliegen eines Kündigungsgrundes, wie etwa Eigenbedarf) mit der kurzen dreimonatigen Frist zu kündigen. Ein solches Ausnahmekündigungsrecht mit seinem zeitlichen Vorteil können Sie als Ersteher in der Teilungsversteigerung nicht ausüben. Dort müssen Sie den Miet- oder Pachtvertrag ohne besondere Kündigungsmöglichkeit übernehmen.

Tipps für Bieter in der Teilungsversteigerung

- Richten sie Ihr besonderes Augenmerk auf die Frage, ob Rechte bestehen bleiben, denn Sie müssen diese zusätzlich zu Ihrem zu zahlenden Gebot übernehmen. Lesen Sie dazu in den Kapiteln 1, 3 und 4!

- Beachten Sie im Bekanntmachungsteil des Versteigerungstermins die Angabe des Rechtspflegers, welche Miteigentümer das Verfahren aktiv als Antragsteller betreiben. Nur diese können Einfluss auf die Zuschlagserteilung nehmen. Bewilligt zum Beispiel der alleinige Antragsteller in der Verhandlung über den Zuschlag die einstweilige Einstellung des Verfahrens, muss das Gericht den Zuschlag unabhängig von der Höhe des Meistgebots versagen. Der das Verfahren nicht betreibende Antragsgegner kann das nicht verhindern. Umgekehrt müssen aber auch alle betreibenden Miteigentümer eine Einstellungsbewilligung abgeben, wenn der Zuschlag versagt werden soll. Sind mehrere Antragsteller vorhanden, kann ein Einzelner alleine keinen Einfluss auf die Entscheidung nehmen.

- Stellen Sie sich darauf ein, dass auch alle Miteigentümer von Ihnen Sicherheitsleistung für Ihre Gebote verlangen können. Bringen Sie zweckmäßigerweise einen Bankverrechnungsscheck über 10 % des Verkehrswertes zum Termin mit.

- Bedenken Sie, dass auch in der Teilungsversteigerung der Zuschlag vom Gericht versagt werden muss, wenn das Meistgebot (bares Meistgebot + bestehen bleibende Rechte) die Hälfte des Verkehrswertes nicht erreicht. Hingegen spielt die 7/10-Grenze in diesen Verfahren in der Praxis keine Rolle.

- Kalkulieren Sie die Übernahme etwaiger Mietverträge ein, da Sie kein Ausnahmekündigungsrecht haben.

- Lassen Sie sich als Bietinteressent nicht von den Emotionen beeinflussen, die die verfeindeten Parteien oft in den Termin hineintragen. Behalten Sie klaren Kopf und verfallen Sie nicht in Hektik oder Bietrausch.

Presse-Information

Der Weg zum Schnäppchenhaus

Bonn (of). Sie sind des einen Freud' und des anderen Leid: Die Chance, sein Traumhaus zum Schnäppchenpreis zu erwerben, ist nirgendwo so groß wie bei einer Immobilien-Zwangsversteigerung. Und Zwangsversteigerungen haben heute nichts Anrüchiges mehr, im Gegenteil: Sie haben sich als interessante Alternative zum Kauf etabliert. Hier kann man Häuser, Eigentumswohnungen und Grundstücke oft erstaunlich preiswert erwerben, sodass auch Kaufinteressenten mit wenig Kapital zu ihrem Eigenheim kommen können. Wie eine Zwangsversteigerung funktioniert, erläutert jetzt ein neuer Ratgeber aus dem Fachverlag interna „Lexikon der Immobilien-Zwangsversteigerung".

Von A wie Akteneinsicht bis hin zu Z wie Zwangsvollstreckung werden die unterschiedlichsten Begriffe zum Thema der Immobilien-Zwangsversteigerung einfach und präzise erläutert.

Die Tipps sind praxisbewährt und erfolgserprobt. Die Leser finden hier viele Insider-Kniffe, die auch Immobilienprofis nicht alle kennen: > Wie läuft ein Versteigerungstermin ab? > Wie bereite ich mich als Kaufinteressent optimal vor? > Wie biete ich strategisch geschickt? > Was muss ich wann bezahlen und vieles mehr.

Dieses Lexikon ist ein wertvolles Nachschlagewerk für alle, die es in Erwägung ziehen, eine Immobilie zu ersteigern. Aber auch die sonstigen Beteiligten im Zwangsversteigerungsverfahren werden hier viele hilfreiche Ratschläge finden.

Christina Klein: Lexikon der Immobilien-Zwangsversteigerung.
ISBN 978-3-937887-23-4, Paperback, 20,90 €
Verlag interna, Auguststraße 1, 53229 Bonn
www.interna-aktuell.de